멘사 수학 퍼즐

멘사코리아 감수 | 해럴드 게일 · 캐럴린 스키트 지음 | 김요한 옮김

Mighty Mindbusters for Kids

by Robert Allen, Harold Gale, Carolyn Skitt
Text and Puzzle content copyright © British Mensa Ltd. 1994
Design and Artwork copyright © Carlton Books Ltd. 1994
All rights reserved
Korean Translation Copyright © 2007 BONUS Publishing Co.
Korean edition is published by arrangement with Carlton Books Ltd.
through Corea Literary Agency, Seoull

이 책의 한국어판 저작권은 Corea 에이전시를 통한 Carlton Books Limited와의 독점계약으로 보누스출판사에 있습니다.
저작권법에 의해 보호를 받는 저작물이므로 무단전재와 무단복제를 금합니다.

재미있게 수학 공부를
하고 싶다면 도전해 보세요

숫자의 세계로 오신 여러분을 환영해요. 이 책은 캐럴린 스키트와 제가 수학 공부를 즐겁게 하고 싶어 하는 여러분을 위해 만들었어요.

수학 퍼즐을 풀면서 여러분은 갖가지 별나고 깜짝 놀랄 만한 모험을 하게 될 거예요. 공룡을 만나고, 우주선을 쏘아 올리고, 머나먼 베녹스 별에서 동전을 세고, 별난 상자를 만들고, 동물을 쫓고, 모양이 특이한 깃발과 마주칠 거예요. 이토록 다양한 퍼즐이라니 신나겠지요? 하지만 그게 끝이 아니랍니다. 여러분이 퍼즐을 풀기 위해 머리를 쓰면 쓸수록 더욱 똑똑해질 거예요.

퍼즐이 얼마나 어렵냐고요? 퍼즐은 난이도에 따라 별 한 개부터 세 개까지 표시했어요. 별 한 개는 매우 쉽고, 별 세 개는 머리가 지끈거릴 정도로 어려울 거예요. 기죽지 마세요. 천재들만 이 문제를 풀 수 있는 게 아니거든요. 문제를 하나씩 차근차근 풀어 보세요. 제 아무리 어려워 보이는 퍼즐도 인내심을 갖고 도전한다면 반드시 풀 수 있을 거예요. 처음에는 풀 수 없을 것만 같던 문제를 마침내 풀어냈을 때 여러분이 얼마나 기쁠지 상상해 봐요. 자, 출발해 볼까요?

해럴드 게일
영국 멘사 전(前) 이사

아이의 천재성을
깨워 주세요

바이킹에서 발간하는 책들을 사무실 책꽂이에 꽂아 두면 방문객들과 아이들이 호기심을 가지고 책을 읽거나 빌려 달라고 합니다. 성인들은 대부분 몇 장 읽어 보다가 머리를 흔드는 반면, 아이들은 금방 재미에 빠져 퍼즐과 씨름을 합니다. 그러다 아예 책을 사서 며칠씩 퍼즐 세계에 빠져들어 즐기는 아이들을 자주 발견하곤 합니다. 당장 어떤 이익이 있는 것도 아니고, 대단한 지식을 얻게 되는 것이 아닌데도 쉽게 열중합니다. 문제를 해결하는 즐거움을 사랑하는 아이들입니다. 그런 아이들은 멘사 회원이 될 가능성이 높습니다.

놀이와 학습의 차이는 무엇일까요? 놀이에는 어떤 목적이 따로 있지 않습니다. 해도 되고 안 해도 되지만, 재미가 있으면 할 이유가 충분한 것이 놀이입니다. 아이들은 재미있게 머리를 쓸 때, 가장 많은 것을 배울 수 있습니다. 만화책이나 그림책을 보면서 배운 것은 시험지를 붙들고 순위 경쟁에 집중하면서 외운 것보다 각인 효과가 훨씬 더 큽니다. 재미로 눈이 반짝이는 아이의 두뇌는 여러 가지 상황을 종합적으로 인지하며 아주 세세한 부분까지도 별다른 노력 없이 암기할 수 있는 상태가 됩니다. 반면 인상을 쓰며 과제를 해 나가는 아이들은 과제가 끝남과 동시에 공부한 내용으로부터 도망치기라도 하듯 빨리 잊어버리고 멀어지려고 합니다.

이 책에 담긴 퍼즐들은 시험 문제가 아닙니다. 반드시 풀어내야만 하는 숙제도 아닙니다. 가볍게 풀어 보고, 잘 안 되면 해답을 읽어 보아도 됩니다. 어떤 문제는 쉽게 풀리지만 어떤 문제는 잘 안 풀립니다. 읽다가 시시해지면 덮어 둘 수도 있고, 시간이 나고 심심할 때 다시 펼쳐 보아도 무방합니다. 믿기 어렵겠지만 수수께끼 같은 문제를 재치 있게 해결할 수 있는 재능이 누구에게나 있습니다. 또한 누구나 스스로 비슷한 문제를 만들어 볼 수 있고, 책에 있는 문제를 새롭게 구성할 수도 있습니다. 이런 놀이를 같이 즐길 친구가 필요하다면 멘사에 가입하기를 권합니다.

지형범
영재교육전문가
멘사코리아 전(前) 회장

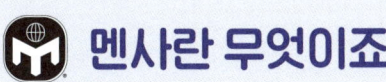

멘사란 무엇이죠?

이제 여러분은 재미있는 퍼즐을 만날 거예요. 퍼즐 푸는 것을 좋아한다면 멘사도 좋아할 거예요. 멘사란 IQ가 148 이상인 사람이 가입할 수 있는 천재들의 모임이에요. 머리 쓰기를 좋아하는 사람들이 모인 단체이죠. IQ가 전체 인구의 상위 2%에 해당하는 사람은 누구든 멘사 회원이 될 수 있답니다. 멘사는 1946년 영국에서 만들어졌고, 현재는 전 세계적으로 100여 개 나라에 13만여 명이 넘는 회원이 있어요. 1998년에 문을 연 한국의 멘사는 '멘사코리아'라는 이름으로 2천 명이 넘는 회원들이 있답니다.

멘사가 더 궁금하다면 아래 홈페이지를 방문해 보세요. 멘사 가입 절차를 자세히 알 수 있어요.

• 홈페이지 : www.mensakorea.org

차례

머리말 :
재미있게 수학 공부를 하고 싶다면 도전해 보세요 ·············· 3

추천사 :
아이의 천재성을 깨워 주세요 ································ 4

멘사란 무엇이죠? ··· 5

■ **문제** ·· 7

■ **해답** ·· 167

멘사 수학 퍼즐

Mensa KIDS

문제

★★★
001

아래에서 숫자 세 개를 골라 보세요. 세 숫자를 더한 값이 8이 되어야 합니다. 합계 8을 만드는 숫자 조합은 몇 가지일까요? 조합에 같은 숫자를 중복해서 사용할 수 있지만 숫자의 순서만 바꾼 것은 제외합니다.

답 : 168쪽

002

가장 작은 숫자부터 시작해서 가장 큰 숫자까지 홀수가 적힌 점만 죽 이어 보세요.
무엇이 그려지나요?

답 : 168쪽

★☆☆
003

원에 적힌 숫자들 사이에는 규칙이 있어요.
물음표에는 어떤 숫자가 들어가야 할까요?

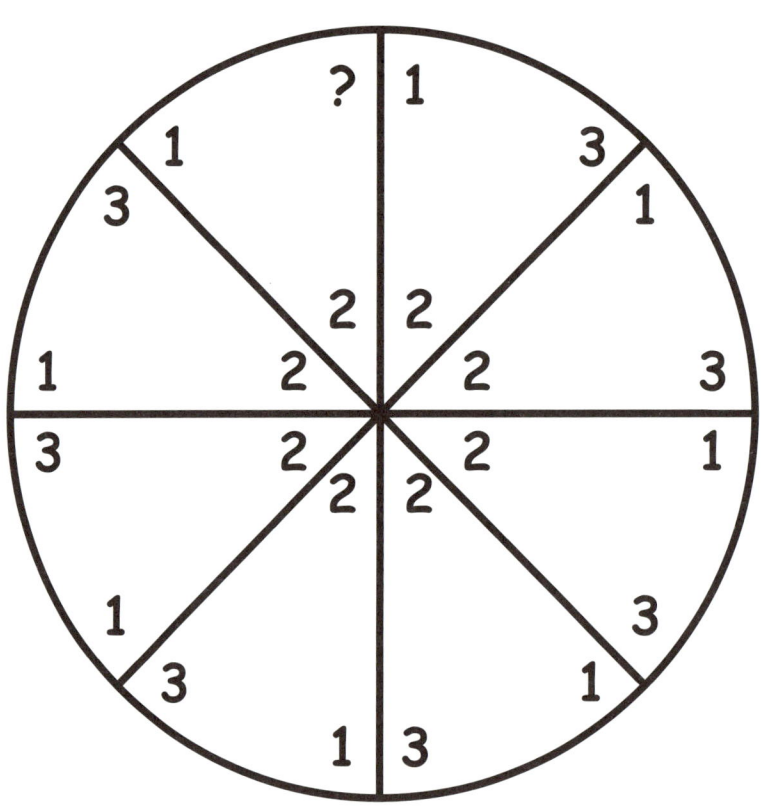

답 : 168쪽

004

별난 금고예요. 금고를 열려면 정해진 순서에 따라 모든 버튼을 딱 한 번씩 누르고, 마지막으로 '열림' 버튼을 눌러야 해요.
버튼에 적힌 숫자와 알파벳은 어느 방향으로 몇 칸을 움직여야 하는지 알려 줘요.
예를 들면 1U는 '한 칸 위로', 1D는 '한 칸 아래로' 움직이라는 뜻이죠.
1L은 '한 칸 왼쪽으로', 1R은 '한 칸 오른쪽으로' 움직이라는 뜻이고요.
자, 어떤 버튼을 맨 먼저 눌러야 할까요?
힌트를 줄게요. 맨 윗줄에서 찾아보세요.

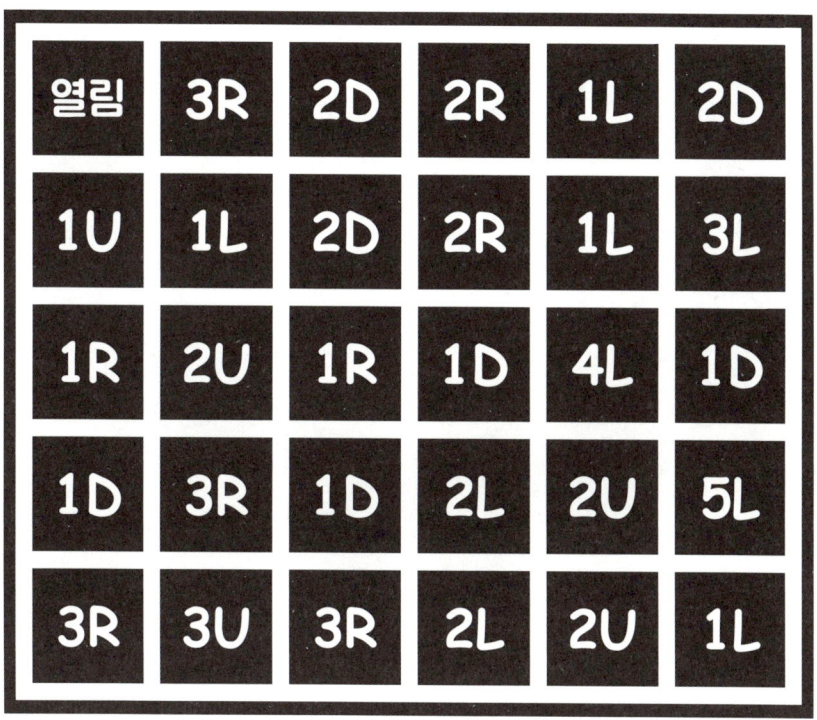

답 : 168쪽

005

케이크를 아래 그림처럼 8등분했어요.
각 케이크 조각에 적힌 숫자를 더하면 모두 같아요.
물음표에는 어떤 숫자가 들어가야 할까요?

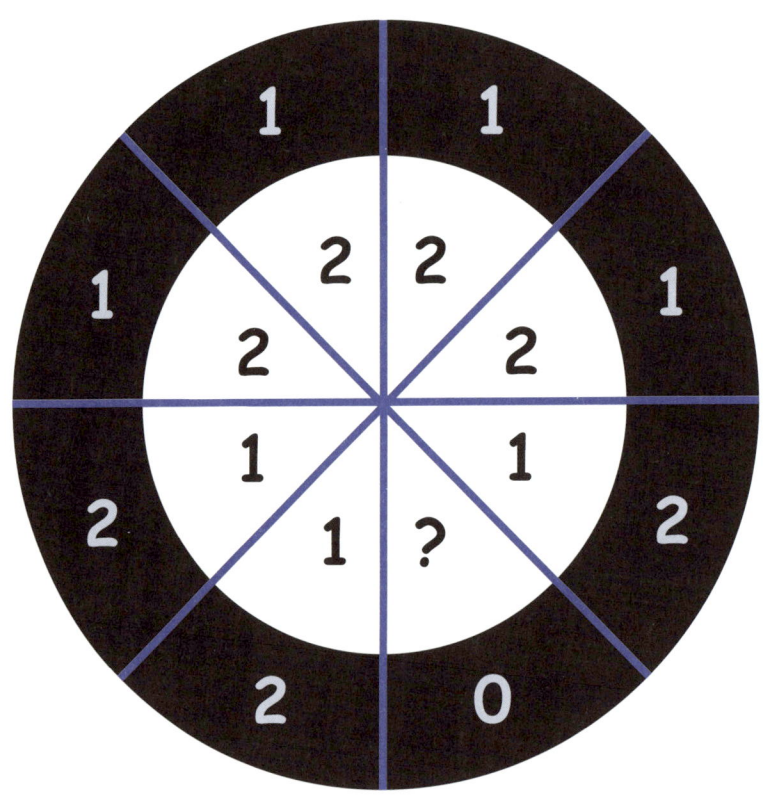

답 : 168쪽

★☆☆
006

조각들을 맞춰 보면 숫자가 될 거예요.
어떤 숫자일까요?

답 : 168쪽

★★☆
007

그림의 숫자들 사이에는 규칙이 있어요.
물음표에는 어떤 숫자가 들어가야 할까요?

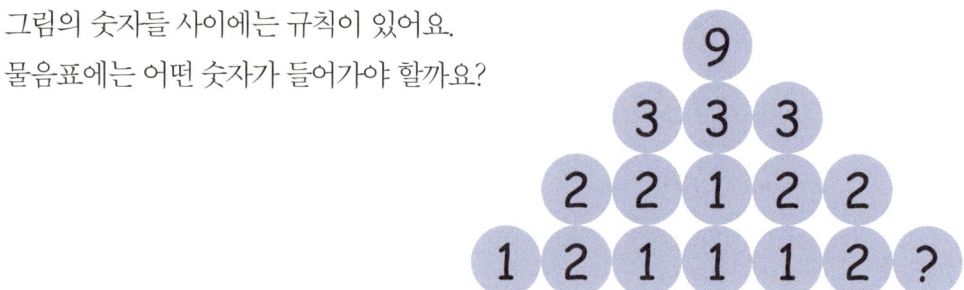

★★☆
008

물음표에 더하기, 빼기, 곱하기, 나누기 부호를 집어넣어 보세요.
같은 부호를 여러 번 써도 돼요.
맞는 부호라면 계산의 답은 3이 될 거예요.
어떤 부호가 들어가야 할까요?

답 : 168쪽

009

★ ☆ ☆

왼쪽 맨 아래 3부터 출발해서 화살표를 따라 오른쪽 맨 위 3까지 갈 거예요.
처음 3과 마지막 3을 포함해 지나온 숫자 다섯 개를 더해요.
단, 검은색 원을 지날 때마다 1을 더해요.
나올 수 있는 가장 큰 값은 얼마일까요?

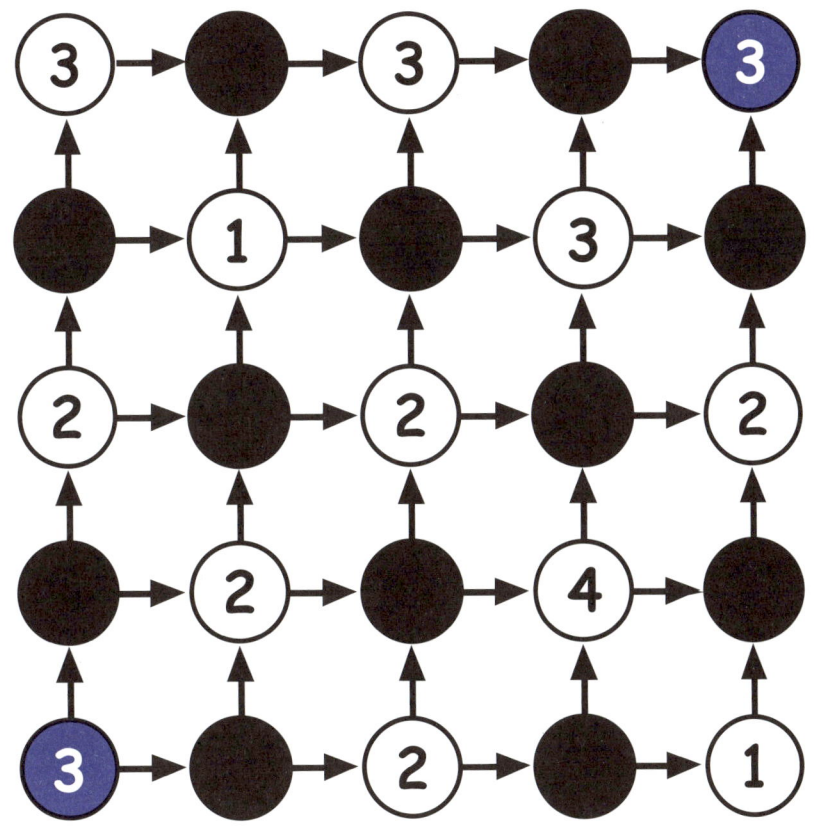

답 : 168쪽

010

차 한 대쯤은 가볍게 뒤집을 수 있을 정도로 힘센 코뿔소예요.
A부터 코뿔소 몸 위에 적힌 숫자들을 지나 B까지 갈 거예요.
A부터 B까지 가면서 각 부분의 숫자를 모두 더했을 때 나올 수 있는 가장 작은 숫자는 무엇일까요?

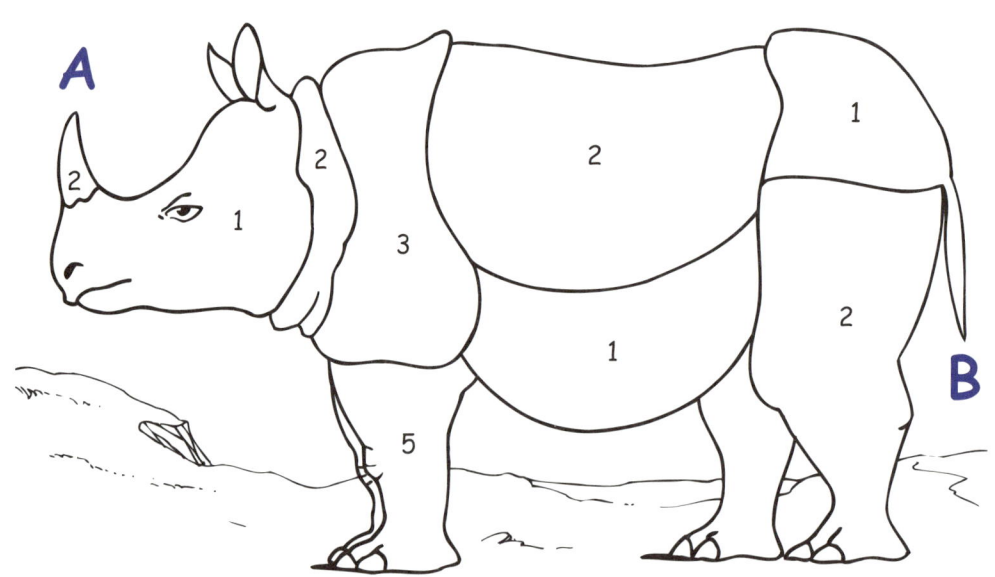

답 : 168쪽

★☆☆
011

세로줄 A, B, C와 세로줄 D의 숫자들 사이에는 규칙이 있어요.
물음표에는 어떤 숫자가 들어가야 할까요?

답 : 168쪽

012

베눅스 별나라에서는 1V, 2V, 5V, 10V, 20V, 50V짜리 동전을 써요.
이 나라에 사는 모아모아는 은행에 85V를 저금하려고,
동전 세 종류를 같은 개수만큼 가져왔어요.
모아모아는 어떤 동전을 몇 개씩 가져왔을까요?

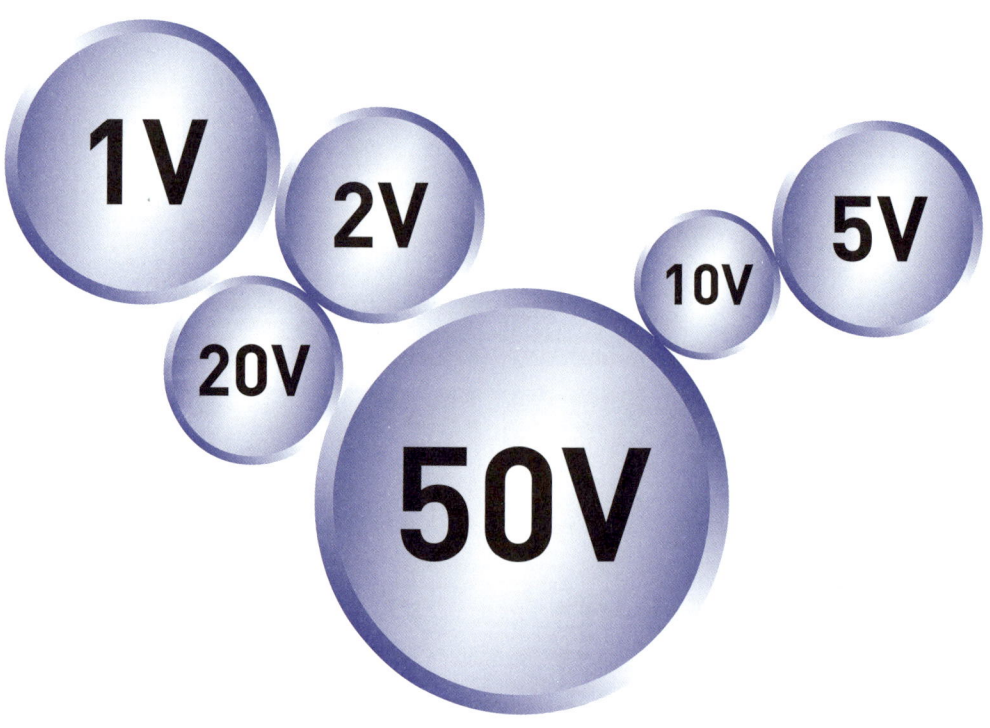

답 : 168쪽

★★☆
013

사막에서 유용한 운송 수단인 낙타예요.
낙타는 3일이나 물을 먹지 않고도 버틸 수 있다고 해요.
모두 혹 속에 있는 지방 덕분이죠.
직선을 그어 낙타의 몸을 나누려고 해요.
나뉜 부분마다 1, 2, 3이 모두 들어 있어야 해요.
직선을 가장 적게 쓰려면 어떻게 나누어야 할까요?
그리고 이때 쓴 직선은 몇 개일까요?

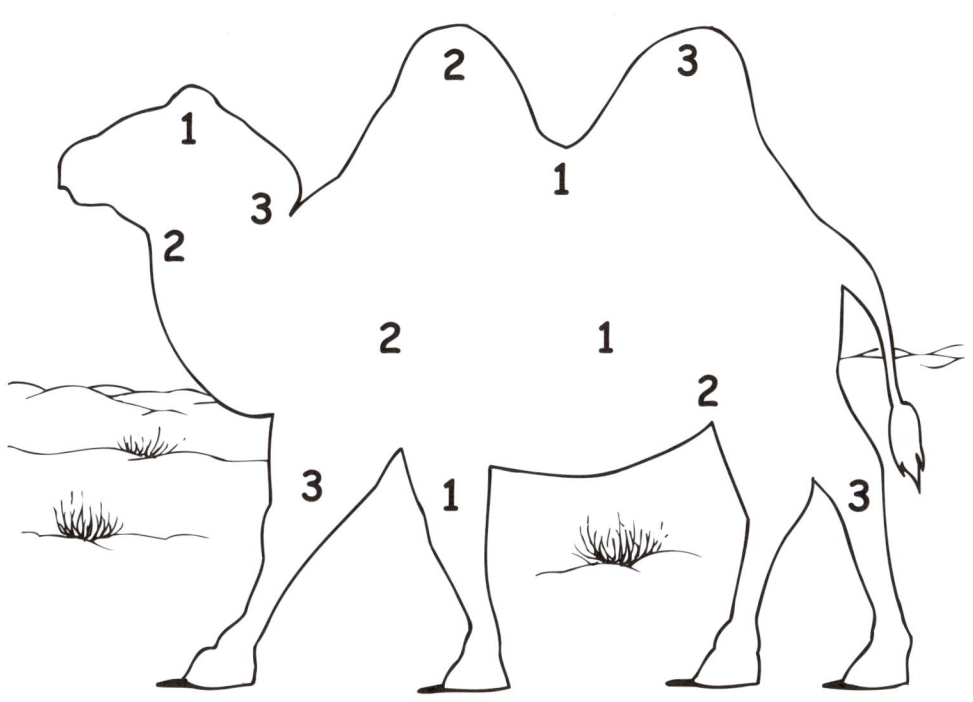

답 : 168쪽

014

가로, 세로, 대각선 줄마다 1부터 5까지 숫자 다섯 개가 한 번씩 들어가도록 빈칸을 채워 표를 완성해 보세요.
물음표에는 어떤 숫자가 들어가야 할까요?

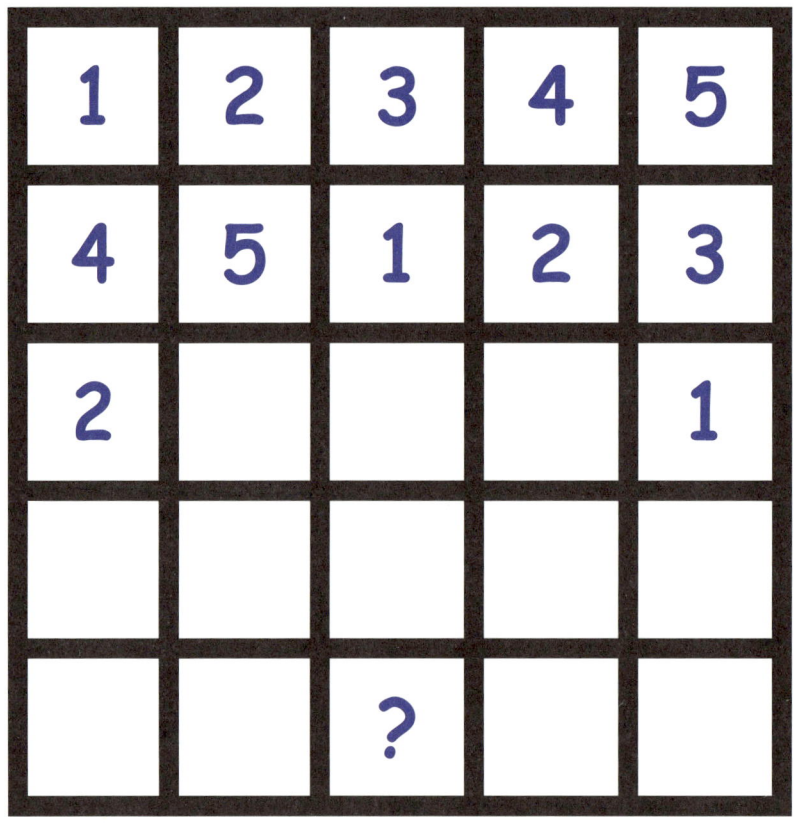

답 : 168쪽

★★☆
015

화살표를 따라가며 가장 긴 길을 찾아보세요.
출발은 어디서든 할 수 있어요.
가장 긴 길은 출발점과 도착점을 포함해서 모두 몇 개의 칸을 지나갈까요?

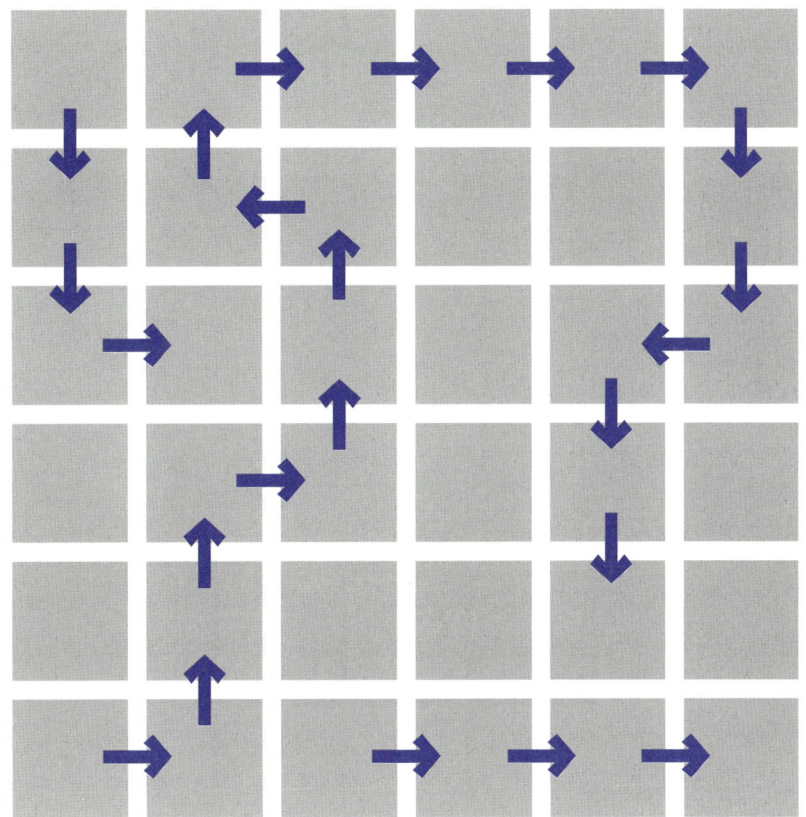

답 : 169쪽

★☆☆
016

깃발의 상징을 가만히 보니 숫자 하나가 숨어 있네요.
무엇일까요?

★★☆
017

이 그림에서 찾을 수 있는 정사각형은 모두 몇 개일까요?

★☆☆
018

한가운데에 있는 3부터 시작해서 숫자 네 개를 연결할 거예요.
위아래나 양옆에 맞닿은 숫자를 이을 수 있어요.
3에다 숫자 세 개를 더해서 8이 나와야 합니다.
8이 되는 길은 모두 몇 가지일까요?

답 : 169쪽

019

1번 저울은 균형을 맞추고 있어요.
2번 저울이 균형을 맞추려면 A가 몇 개 있어야 할까요?

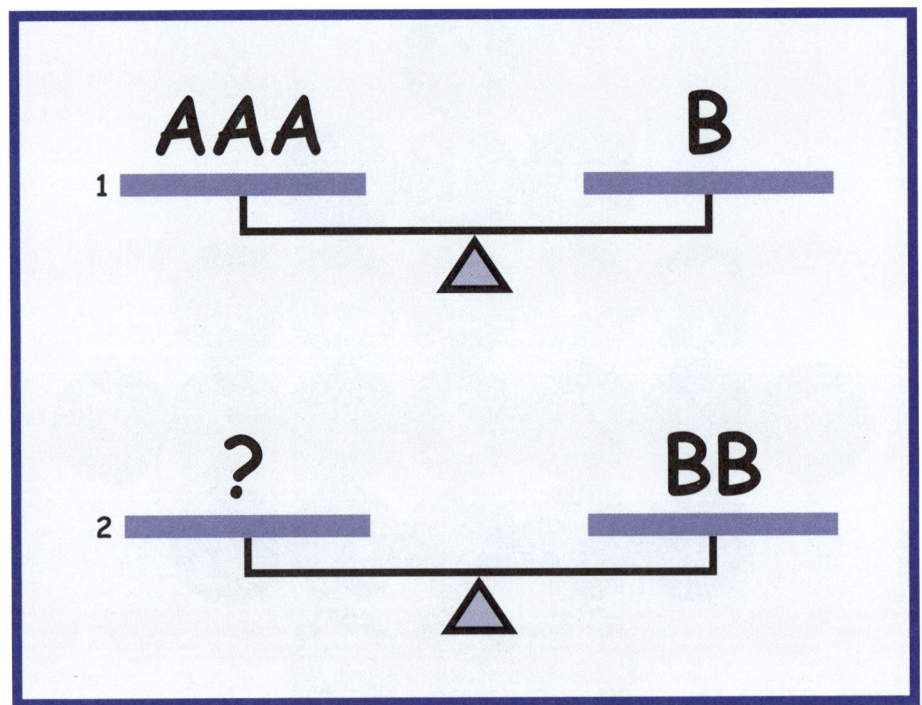

답 : 169쪽

★☆☆
020

선을 그어 상자를 모양이 똑같은 조각 넷으로 나누어 보세요.
단, 네 조각 안에 들어 있는 숫자들을 더한 값이 조각마다 똑같아야 해요.
상자를 어떻게 나누어야 할까요?

답 : 169쪽

★☆☆
021

계산기에서 사칙연산 부호(+, −, ×, ÷)와 숫자 버튼을 각각 하나씩 눌러서 숫자 16을 32로 만들려면 어떤 버튼을 눌러야 할까요?

답 : 169쪽

022

가로, 세로, 대각선 줄마다 숫자를 모두 더해 5가 되도록 빈칸을 채워 보세요. 물음표에는 어떤 숫자가 들어가야 할까요?

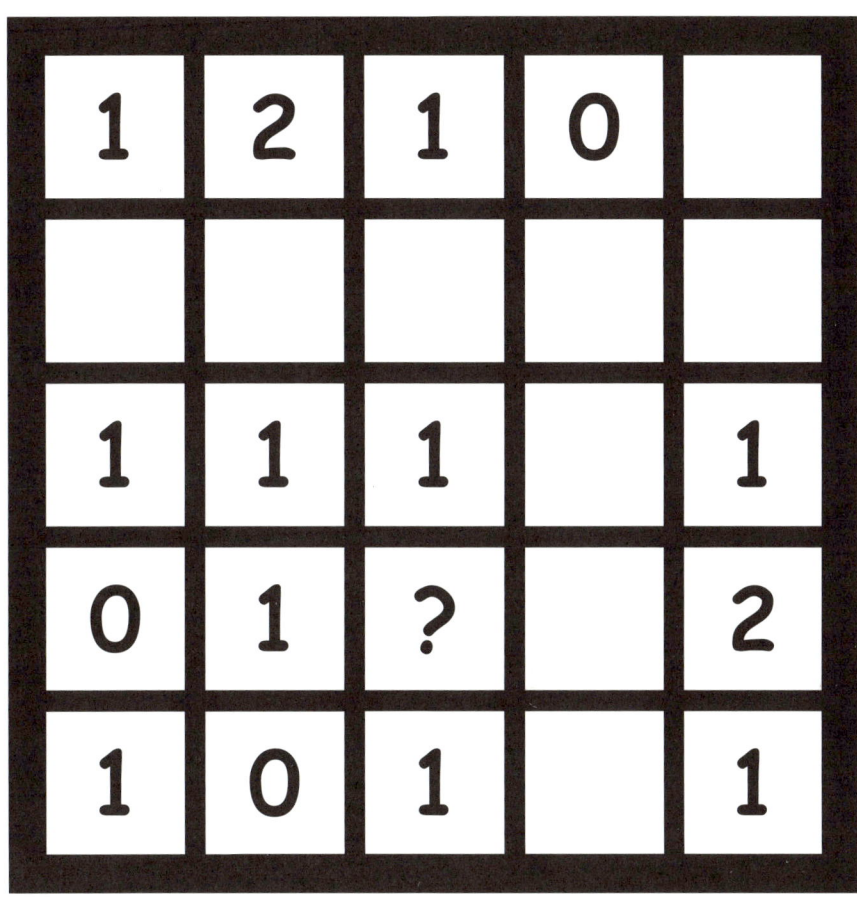

023

조각들을 맞춰 보면 숫자가 될 거예요.
어떤 숫자일까요?

답 : 169쪽

★☆☆
024

숫자들이 규칙에 따라 나란히 적혀 있어요.
물음표에는 어떤 숫자가 들어가야 할까요?

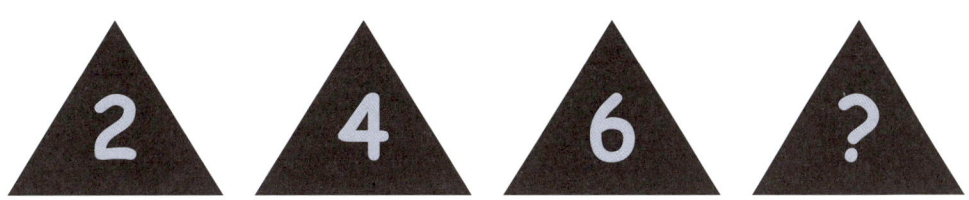

★☆☆
025

숫자들이 규칙에 따라 나란히 적혀 있어요.
물음표에는 어떤 숫자가 들어가야 할까요?

답 : 169쪽

★★★
026

상자 A~F 중에서 하나만 다른 상자예요.
어떤 상자가 다른 상자일까 골라 보세요.

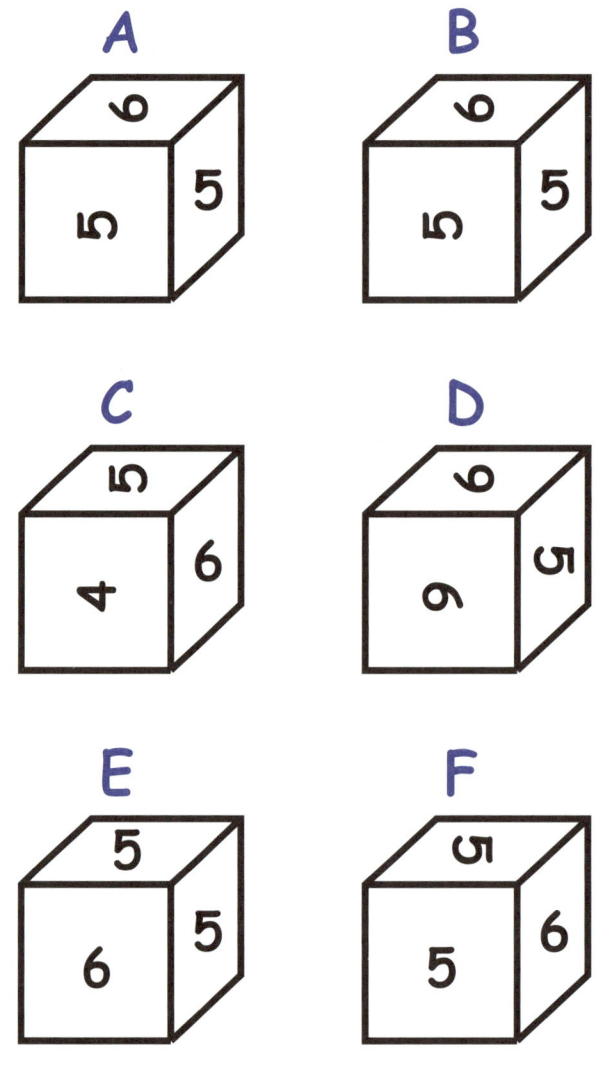

답 : 169쪽

★☆☆
027

날아다니는 익룡 테로닥틸이에요.
익룡 몸에 적힌 숫자 3은 모두 몇 개일까요?

답 : 169쪽

★★☆
028

첫 번째 그림에서 아래 그림 빈칸에 들어갈 숫자 여섯 개를 찾아야 해요.
빈칸의 위아래에는 빈칸에 들어갈 수 있는 숫자 두 개의 위치가 적혀 있고, 그중에서 하나를 선택해서 빈칸에 넣어야 합니다.
단, 선택한 숫자 여섯 개는 어떤 규칙을 따라야 해요.
빈칸에 들어갈 숫자 여섯 개는 무엇일까요?

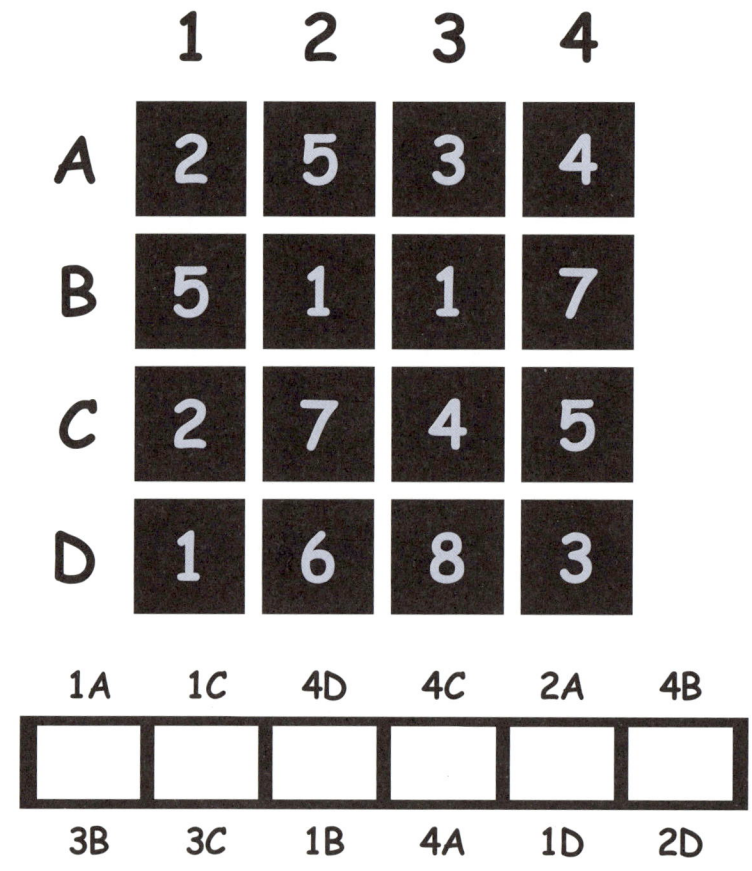

답 : 169쪽

029

표에서 가로줄마다 가운데 숫자와 왼쪽, 오른쪽 숫자 사이에는 규칙이 있어요.
물음표에 들어갈 숫자는 무엇일까요?

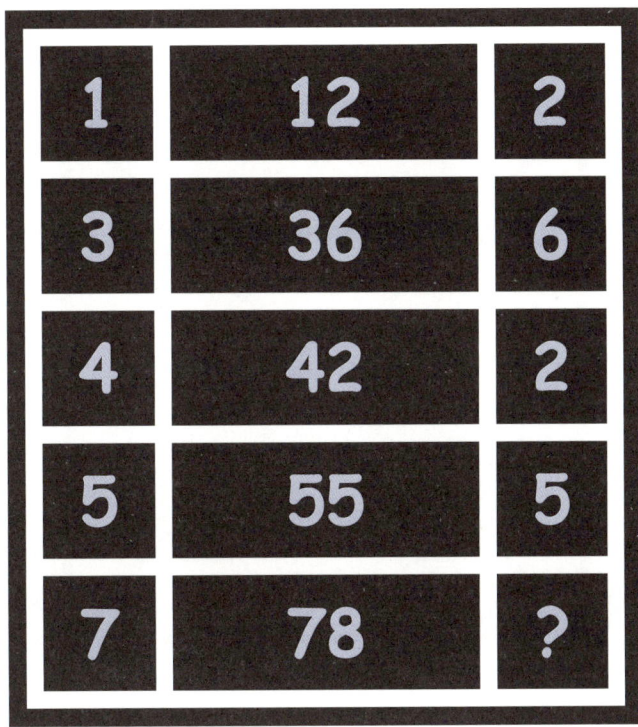

답 : 169쪽

030

네 모퉁이 중 한곳에서 출발해 선을 따라 이동해요.
출발한 숫자를 포함해서 숫자 다섯 개를 연결한 다음 더해 보세요. 지나간 숫자를 또 지나가면 안 돼요. 나올 수 있는 가장 작은 숫자는 무엇일까요?

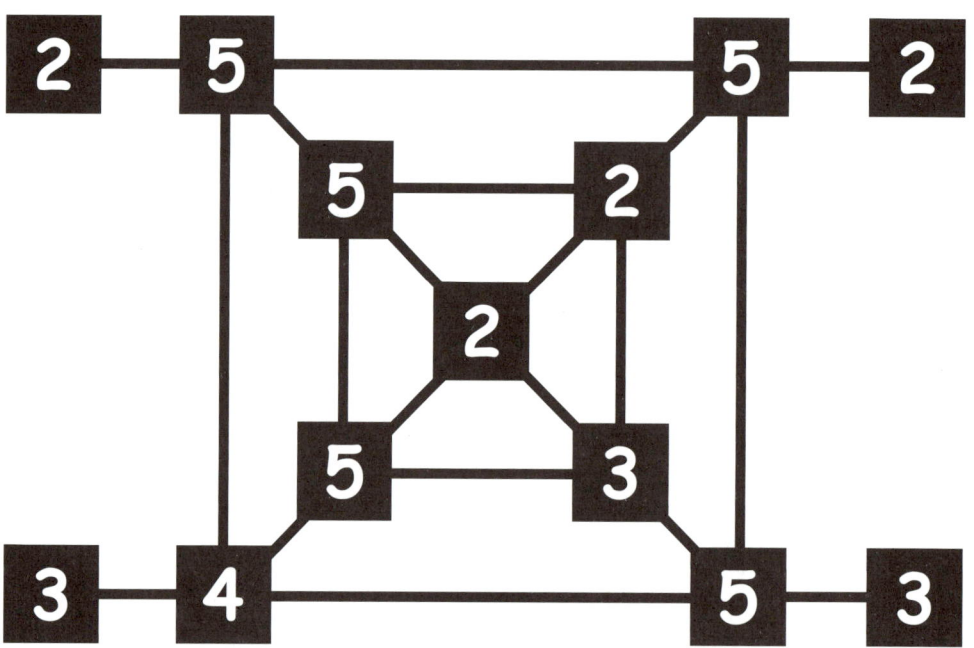

답 : 169쪽

★☆☆
031

그아앙~!
이 우주선을 쏘아 올리려면 우주선에 새겨진 숫자를 10의 배수로 만들어야 해요.
우주선에 새겨진 숫자에서 11, 13, 19, 21, 25 가운데 어떤 숫자를 빼야 10의 배수가
될까요?

답 : 169쪽

왼쪽 맨 아래 2부터 출발해서 오른쪽 맨 위 1까지 갈 거예요.
1에 도착했을 때 출발점 2와 도착점 1을 포함해 지나온 숫자 아홉 개를 더해 봐요.
단, 대각선으로 움직일 수는 없어요.
숫자 아홉 개를 더한 값 가운데 가장 큰 수는 무엇일까요?

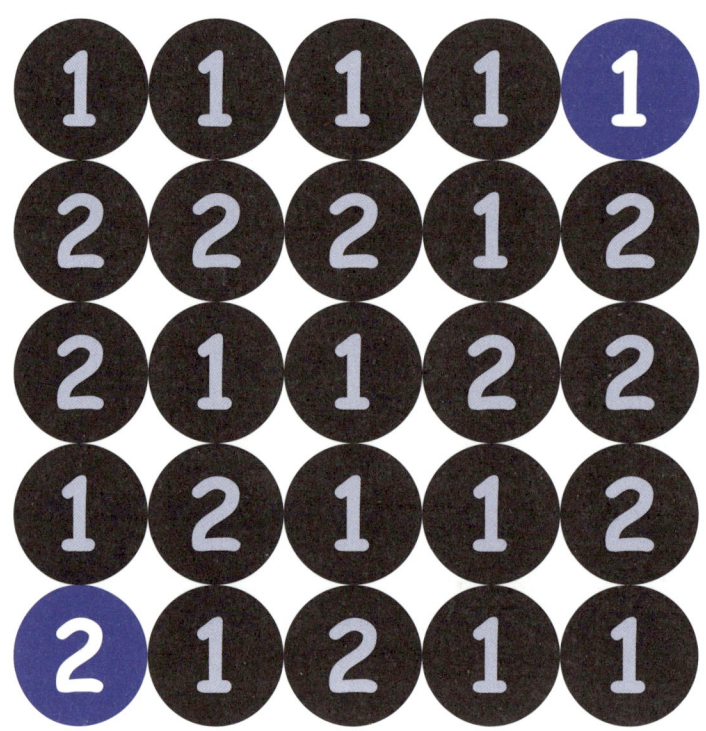

답 : 169쪽

033

표에서 가로줄마다 가운데 숫자와 왼쪽, 오른쪽 숫자 사이에는 규칙이 있어요.
물음표에 들어갈 숫자는 무엇일까요?

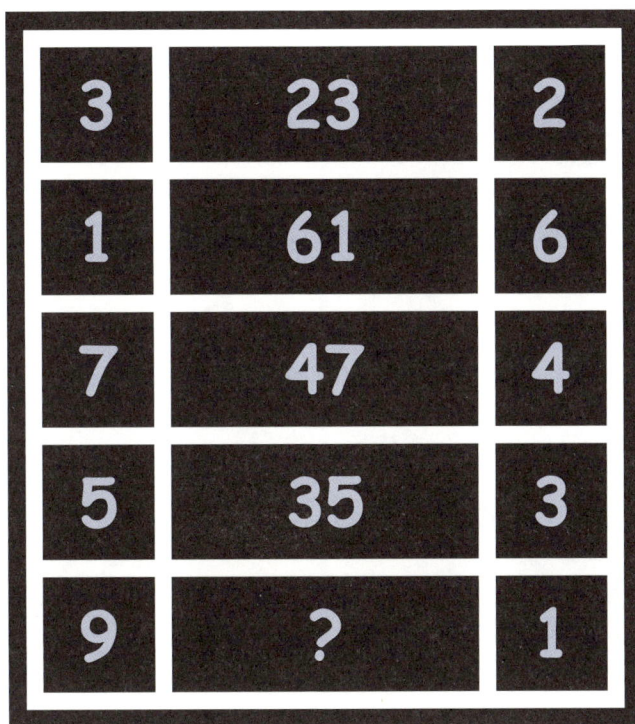

답 : 170쪽

★☆☆
034

원에 적힌 숫자들 사이에는 규칙이 있어요.
물음표에는 어떤 숫자가 들어가야 할까요?

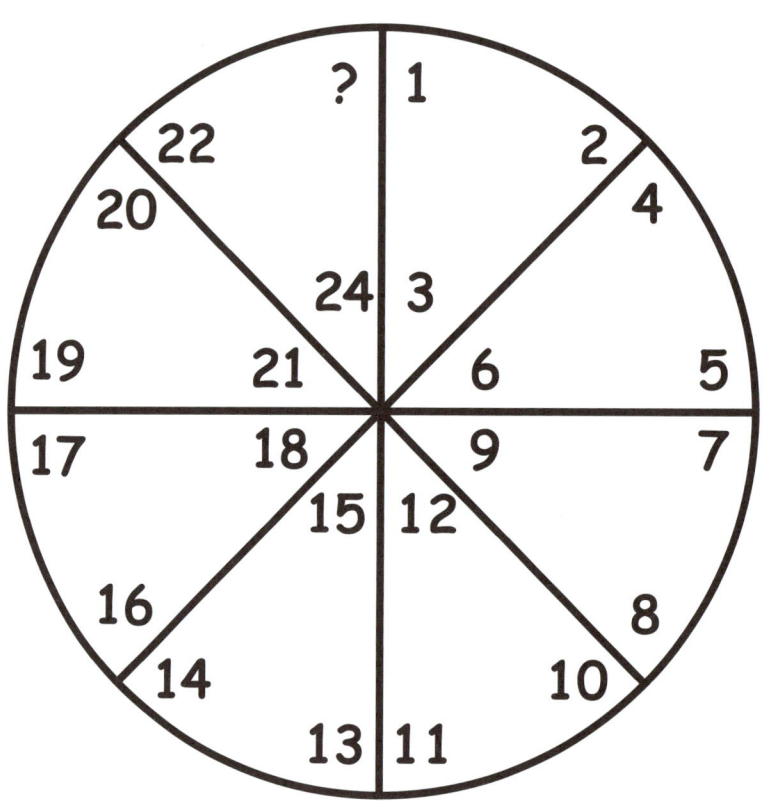

답 : 170쪽

035

생일 케이크에 크게 주인공의 나이를 장식했어요.
그런데 여러 조각으로 잘랐더니 잘 모르겠네요.
케이크 조각을 이리저리 움직여 맞춰 보면 나이가 나올 거예요.
생일을 맞은 아이는 몇 살일까요?

답 : 170쪽

036

케이크를 아래 그림처럼 8등분했어요. 케이크 조각마다 초콜릿 위에 장식된 숫자와 생크림 위에 장식된 숫자를 더한 값이 모두 같아요.
또 초콜릿 위에 장식된 숫자를 모두 더하면 24, 생크림 위에 장식된 숫자를 모두 더해도 24예요.
장식이 빠진 케이크 조각의 초콜릿과 생크림 위에 장식할 숫자는 무엇일까요?

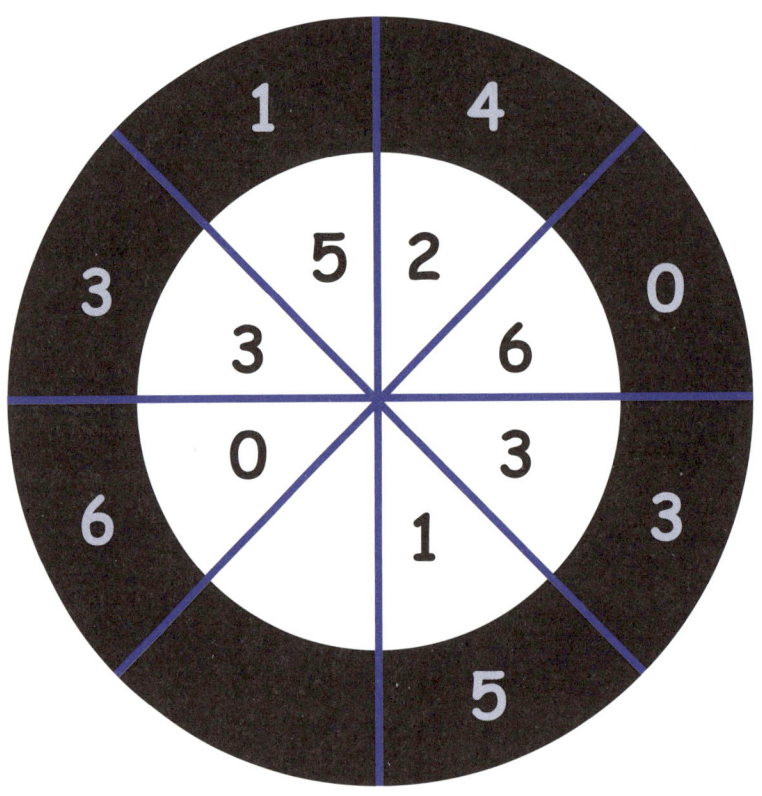

답 : 170쪽

037

별난 금고예요. 금고를 열려면 정해진 순서에 따라 모든 버튼을 딱 한 번씩 누르고, 마지막으로 '열림' 버튼을 눌러야 해요.

버튼에 적힌 숫자와 알파벳은 어느 방향으로 몇 칸을 움직여야 하는지 알려 줘요.

예를 들면 1U는 '한 칸 위로', 1D는 '한 칸 아래로' 움직이라는 뜻이죠.

1L은 '한 칸 왼쪽으로', 1R은 '한 칸 오른쪽으로' 움직이라는 뜻이고요.

자, 어떤 버튼을 맨 먼저 눌러야 할까요?

힌트를 줄게요. 위에서 네 번째 가로줄에서 찾아보세요.

열림	4R	2R	1D	4D	6D
1U	4R	1D	1L	5D	1D
3R	3R	1L	2D	1D	5L
3D	2U	1R	3D	3L	5L
2R	4U	1D	2R	3U	5L
1R	1D	1D	5U	4L	2U
5U	2U	6U	1U	1U	1U

답 : 170쪽

038

애완동물로 많이 기르는 고양이예요.
A부터 고양이 몸 위에 적힌 숫자들을 지나 B까지 갈 거예요.
A부터 B까지 가면서 각 부분의 숫자를 모두 더했을 때 나올 수 있는 가장 작은 숫자는 무엇일까요?

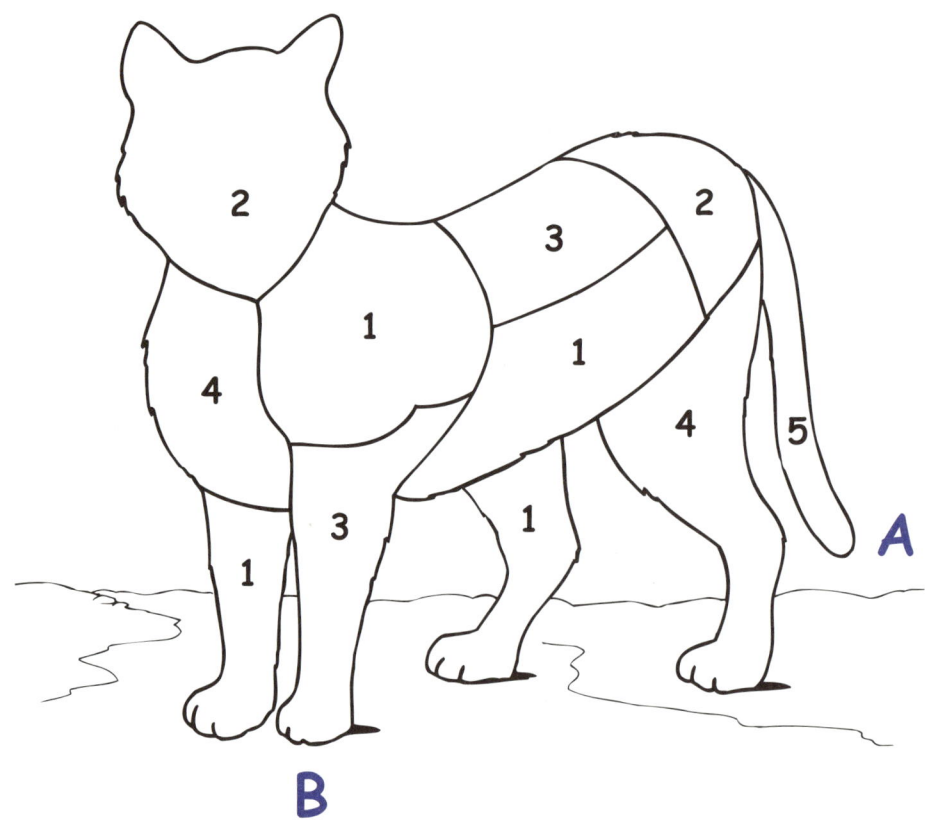

답 : 170쪽

039

세로줄 A, B, C와 세로줄 D 숫자들 사이에는 규칙이 있어요.
물음표에는 어떤 숫자가 들어가야 할까요?

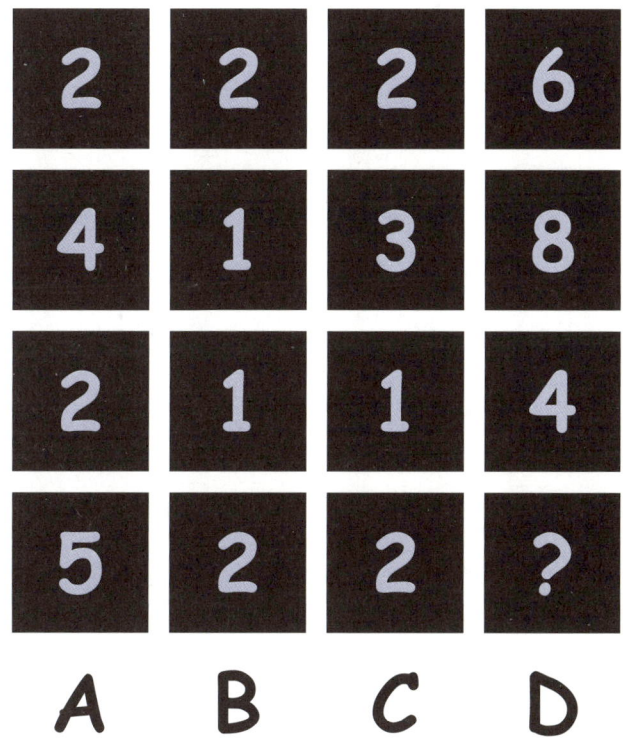

답 : 170쪽

040

아래 표의 기호들은 각각 어떤 숫자를 뜻해요.
가로줄과 세로줄마다 각 기호를 더한 값이 한쪽에 적혀 있어요.
물음표에는 어떤 숫자가 들어가야 할까요?

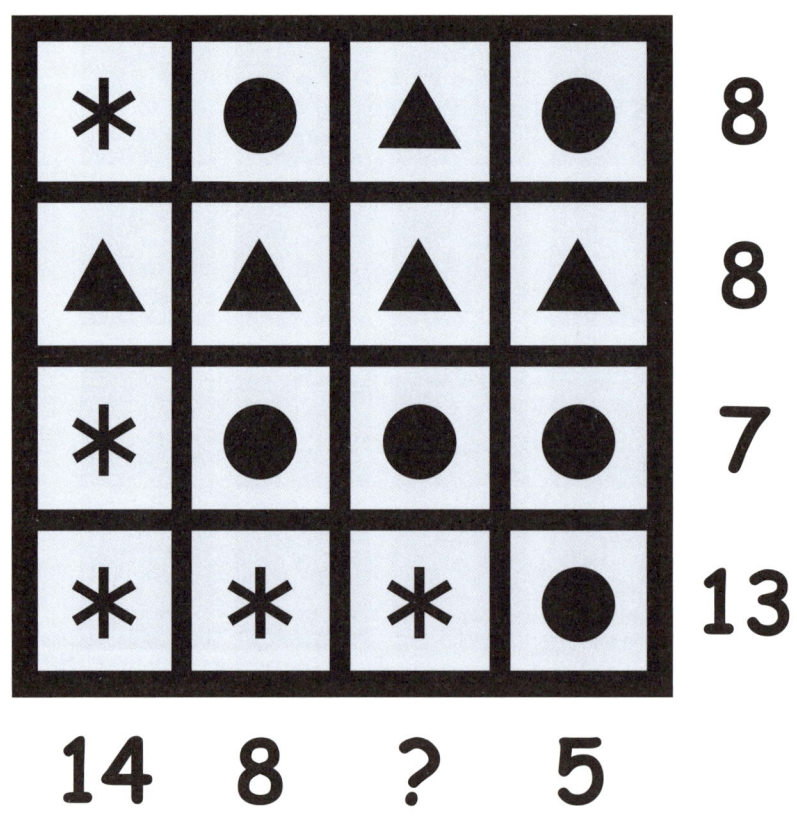

답 : 170쪽

041

베녹스 별나라에서는 1V, 2V, 5V, 10V, 20V, 50V 동전을 써요.
이 나라에 사는 모아모아는 은행에 374V를 저금하려고,
동전 세 종류를 같은 개수만큼 가져왔어요.
모아모아는 어떤 동전을 몇 개씩 가져왔을까요?

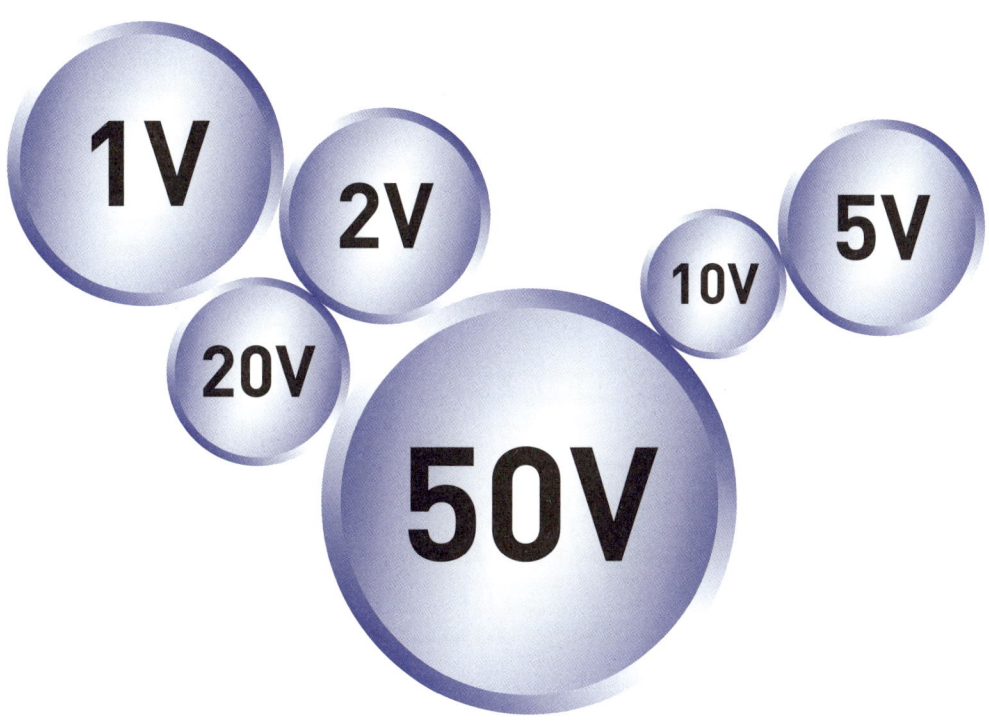

답 : 170쪽

★ ☆ ☆
042

직선을 그어 코끼리의 몸을 나누려고 해요.
나눈 부분마다 1, 2, 3, 4가 모두 들어 있어야 해요.
직선을 가장 적게 쓰려면 어떻게 나누어야 할까요?
그리고 이때 쓴 직선은 몇 개일까요?

답 : 170쪽

★☆☆
043

숫자들이 규칙에 따라 나란히 적혀 있어요.
물음표에는 어떤 숫자가 들어가야 할까요?

★☆☆
044

숫자들이 규칙에 따라 나란히 적혀 있어요.
물음표에는 어떤 숫자가 들어가야 할까요?

답 : 170쪽

★☆☆
045

깃발의 상징을 가만히 보니 숫자 하나가
숨어 있네요.
무엇일까요?

★★☆
046

이 그림에서 찾을 수 있는 정사각형은 모두 몇 개일까요?

답 : 170쪽

047

1번 저울과 2번 저울은 균형을 맞추고 있어요.
3번 저울이 균형을 맞추려면 A가 몇 개 있어야 할까요?

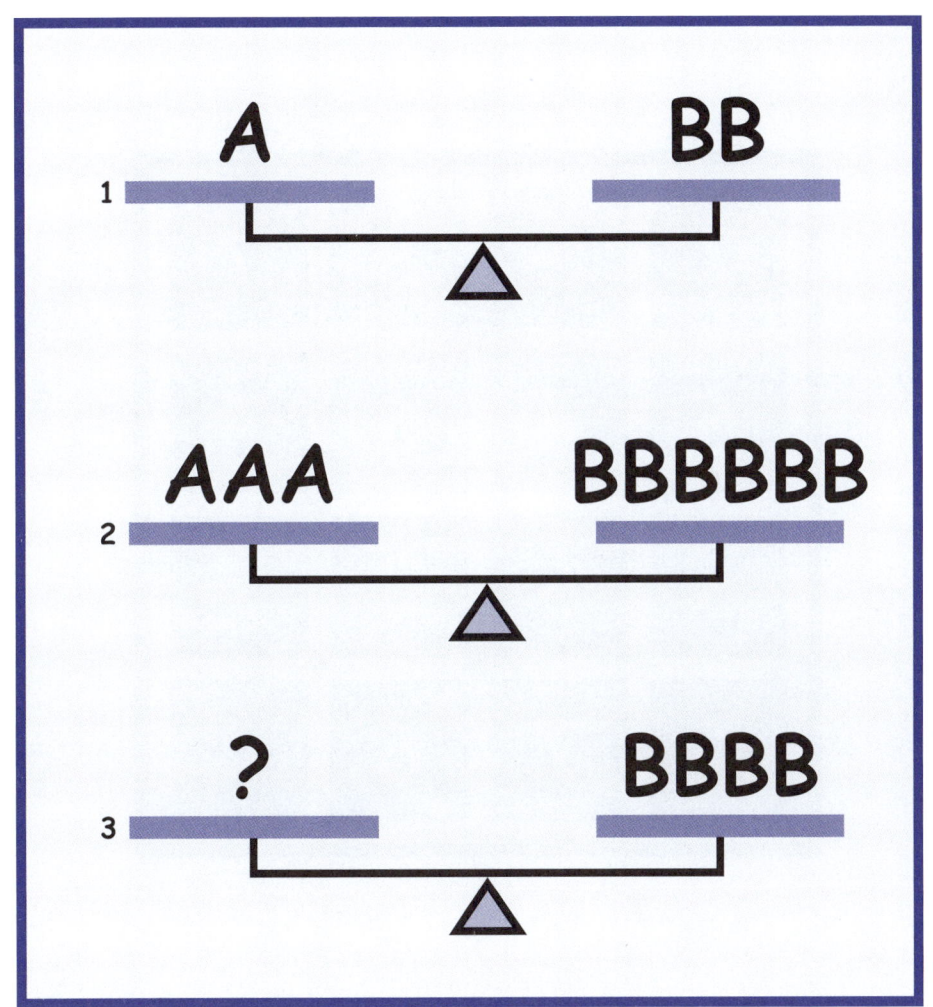

답 : 170쪽

★ ☆ ☆
048

선을 그어 상자를 모양이 똑같은 조각 넷으로 나누어 보세요.
단, 네 조각 안에 들어 있는 숫자들을 더한 값이 조각마다 똑같아야 해요.
상자를 어떻게 나누어야 할까요?

답 : 170쪽

049

칸마다 숫자들이 적혀 있어요.
각 칸에 적힌 숫자가 서로 같은 칸 2개는 무엇일까요?

	A	B	C	D
1	1, 4, 1	5, 2, 1	2, 2, 1	4, 1, 3
2	3, 3, 3	4, 5, 4	3, 5, 5	1, 1, 1, 4
3	2, 5, 3	1, 3, 2	3, 4, 3	4, 1, 2
4	2, 1, 1	4, 4, 4	1, 4, 5	1, 2, 5

답: 171쪽

050

가로, 세로, 대각선 줄마다 모두 더해 10이 되도록 빈칸을 채워 보세요.
들어갈 숫자는 딱 하나예요.
빈칸에 들어갈 숫자는 무엇일까요?

2	4	2	0	2
4				0
2				2
0				4
2	0	2	4	2

답 : 171쪽

051

생일 케이크에 크게 주인공의 나이를 장식했어요.
그런데 여러 조각으로 잘랐더니 잘 모르겠네요.
케이크 조각을 이리저리 움직여 맞춰 보면 나이가 나올 거예요.
생일을 맞은 아이는 몇 살일까요?

답 : 171쪽

상자 A~F 중에서 하나만 다른 상자예요.
어떤 상자가 다른 상자일까 골라 보세요.

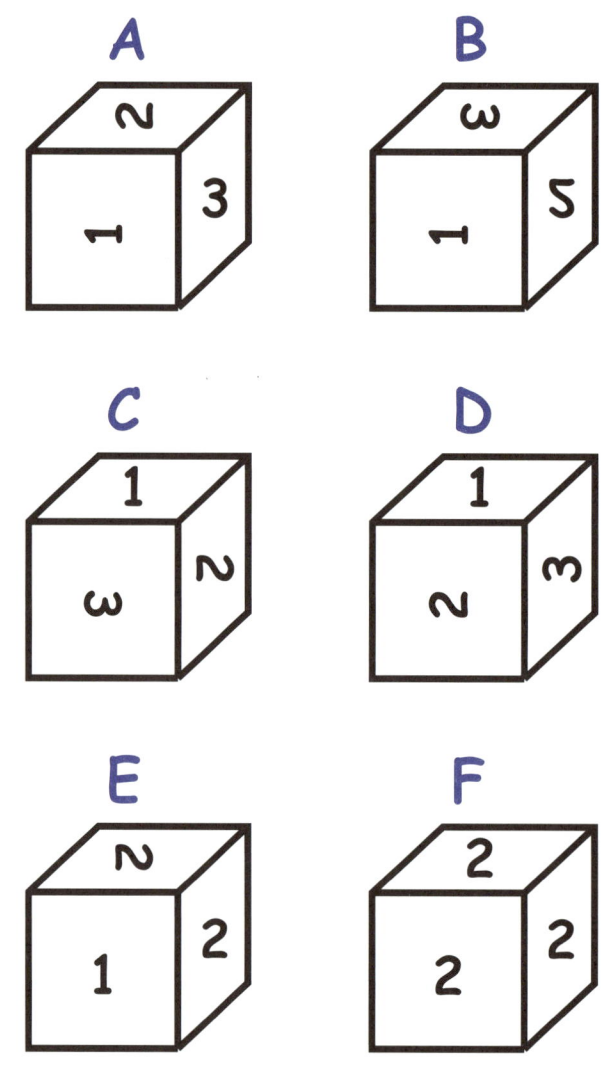

답 : 171쪽

053

가로, 세로, 대각선 줄마다 1부터 5까지 숫자 다섯 개가 한 번씩 들어가야 합니다.
빈칸을 채워 표를 완성해 보세요.
물음표에는 어떤 숫자가 들어가야 할까요?

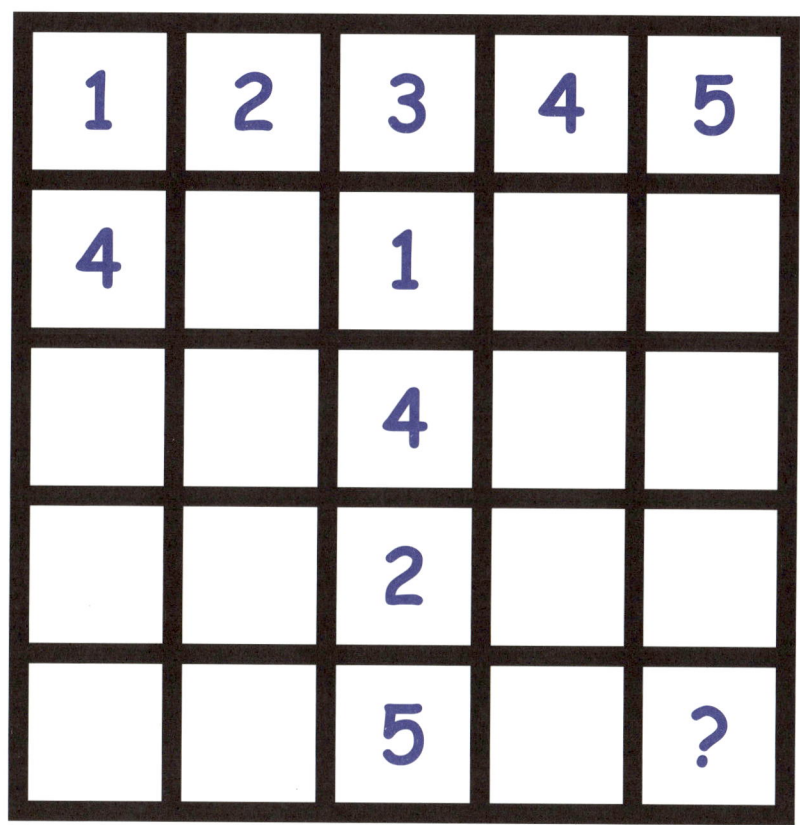

답 : 171쪽

★ ☆ ☆
054

아주 오래전 지구에 살았던 매머드예요.
매머드 몸에는 숫자 5가 모두 몇 개 있을까요?

답 : 171쪽

055

가장 작은 숫자부터 시작해서 가장 큰 숫자까지 홀수가 적힌 점만 죽 이어 보세요.
무엇이 그려지나요?

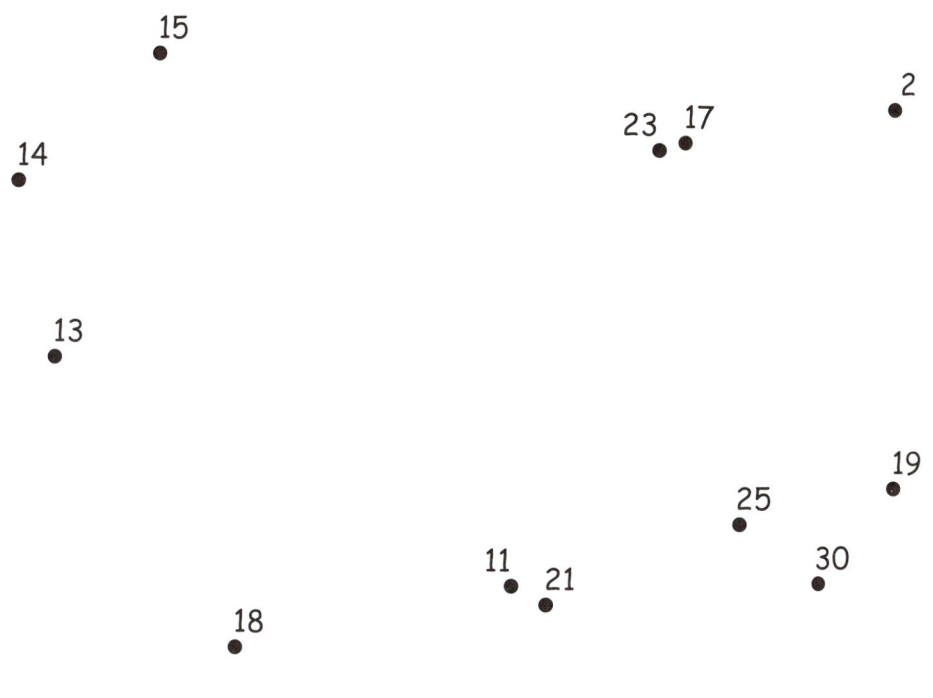

답 : 171쪽

056

아래에서 숫자 세 개를 골라 보세요. 세 숫자를 더한 값이 10이 되어야 합니다. 합계 10을 만드는 숫자 조합은 몇 가지일까요? 조합에 같은 숫자를 중복해서 사용할 수 있지만 숫자의 순서만 바꾼 것은 제외합니다.

답 : 171쪽

★ ☆ ☆
057

표에서 가로줄마다 가운데 숫자와 왼쪽, 오른쪽 숫자 사이에는 규칙이 있어요.
물음표에 들어갈 숫자는 무엇일까요?

답 : 171쪽

★★☆
058

네 모퉁이 중 한곳에서 출발해 선을 따라 이동해요.
출발한 숫자를 포함해서 숫자 다섯 개를 모두 더했을 때 나올 수 있는 가장 큰 값은 얼마일까요?

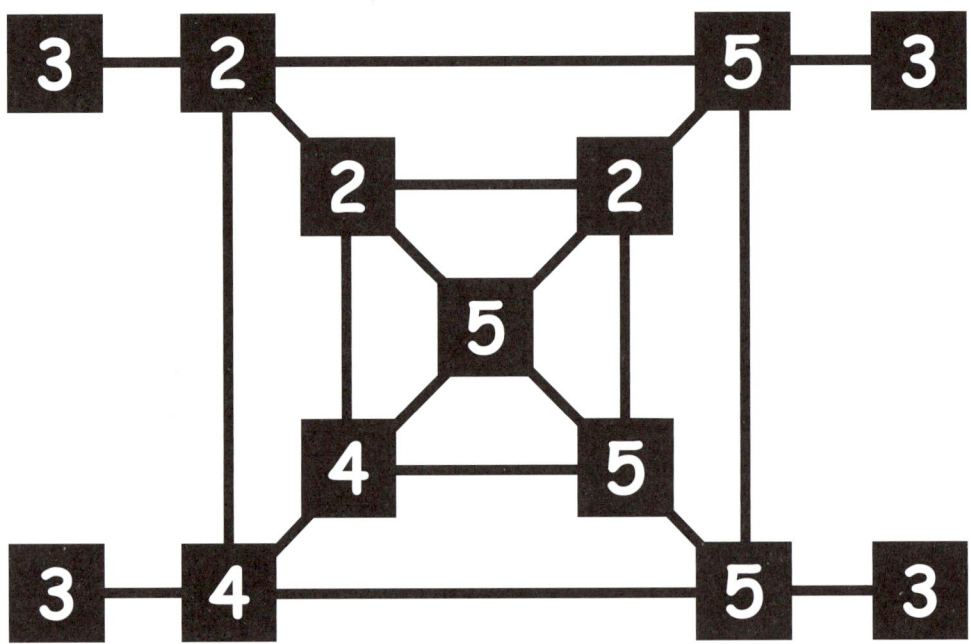

답 : 171쪽

★☆☆
059

가운데 물음표에 1보다 큰 숫자를 적어 보세요.

맞는 숫자를 넣으면 그 숫자로 나누었을 때 양옆의 모든 숫자는 나머지 없이 똑 떨어져요.

어떤 숫자를 넣어야 할까요?

답 : 171쪽

060

원에 적힌 숫자들 사이에는 규칙이 있어요.
물음표에는 어떤 숫자가 들어가야 할까요?

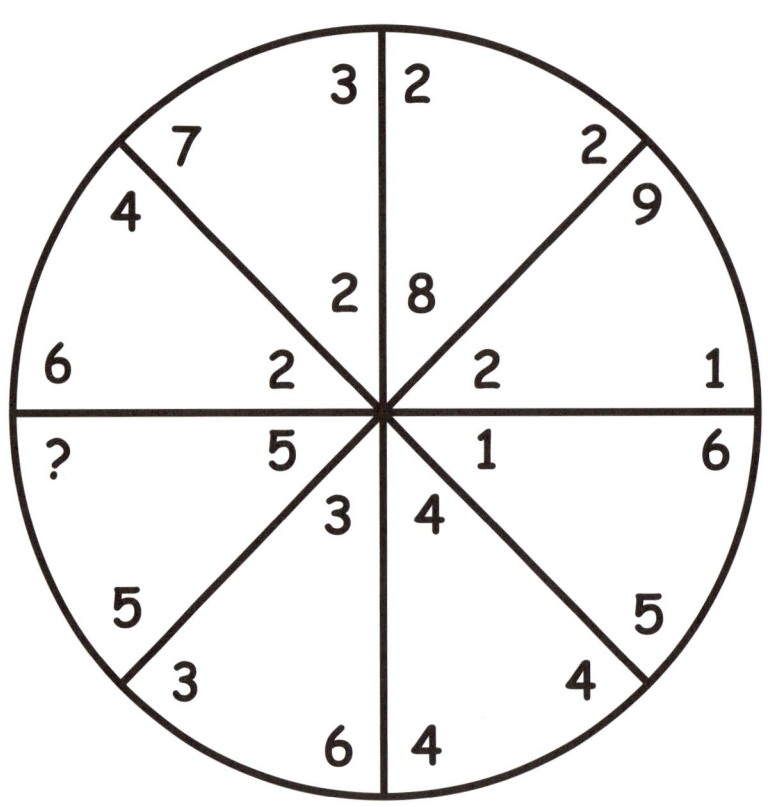

답 : 171쪽

061

조각들을 맞춰 보면 숫자가 될 거예요.
어떤 숫자일까요?

답 : 171쪽

★★☆
062

케이크를 아래 그림처럼 8등분했어요. 케이크 조각마다 초콜릿 위에 장식된 숫자와 생크림 위에 장식된 숫자를 더한 값이 모두 같아요.
또 초콜릿 위에 장식된 숫자를 모두 더하면 32, 생크림 위에 장식된 숫자를 모두 더해도 32예요.
장식이 빠진 케이크 조각의 초콜릿과 생크림 위에 장식할 숫자는 무엇일까요?

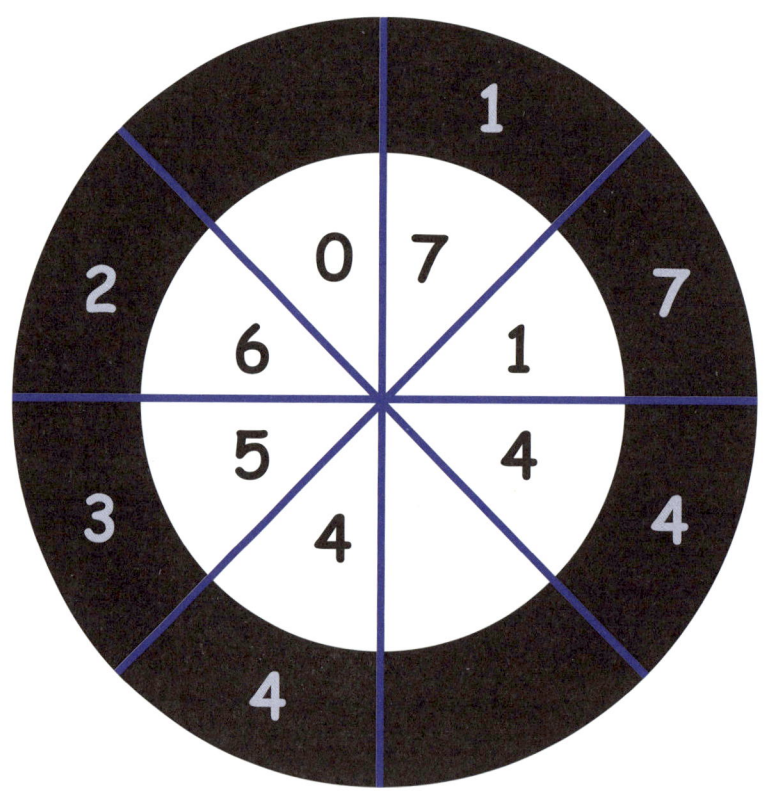

답 : 171쪽

063

별난 금고예요. 금고를 열려면 정해진 순서에 따라 모든 버튼을 딱 한 번씩 누르고, 마지막으로 '열림' 버튼을 눌러야 해요.

각 버튼에 적힌 숫자와 알파벳은 어느 방향으로 몇 칸을 움직여야 하는지 나타내요. 예를 들면 1N은 '한 칸 북쪽으로', 1S는 '한 칸 남쪽으로' 움직이라는 뜻이죠. 1W는 '한 칸 서쪽으로', 1E는 '한 칸 동쪽으로' 움직이라는 뜻이고요.

자, 어떤 버튼을 맨 먼저 눌러야 할까요?

힌트를 줄게요. 위에서 네 번째 가로줄에서 찾아보세요.

열림	4E	1S	6S	2W	6S
5S	1N	1E	2E	4W	2S
4E	1W	3E	2N	4S	2W
2E	1W	1S	2S	3W	2S
1E	3N	2N	2E	1N	1W
1N	3N	2E	1N	5N	5W
6N	1N	1N	1W	5N	4W

N / W 4 E / S

답 : 171쪽

그림의 숫자들 사이에는 규칙이 있어요.
물음표에는 어떤 숫자가 들어가야 할까요?

사각형과 숫자 사이에는 규칙이 있어요.
물음표에는 어떤 숫자가 들어가야 할까요?

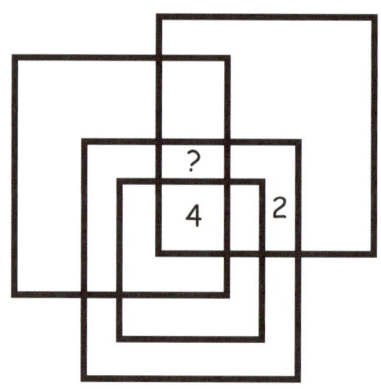

답 : 171~172쪽

★☆☆
066

A부터 말 몸 위에 적힌 숫자들을 지나 B까지 갈 거예요.
A부터 B까지 가면서 각 부분의 숫자를 모두 더했을 때 나올 수 있는 가장 작은 숫자는 무엇일까요?

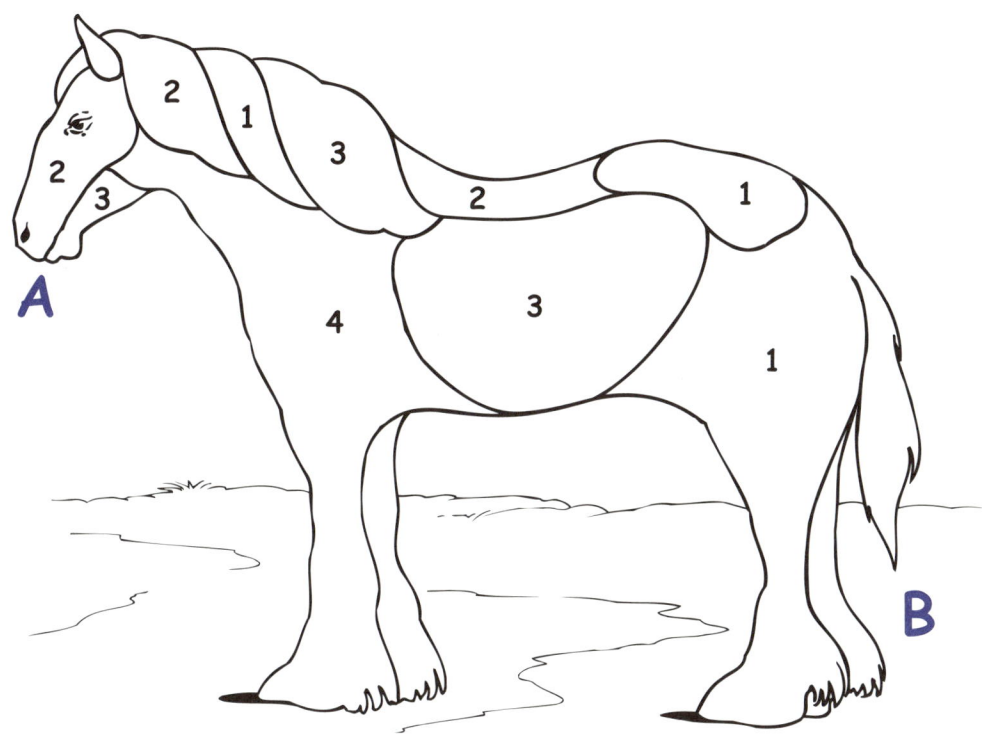

답 : 172쪽

067

왼쪽 맨 아래 4부터 출발해서 화살표를 따라 오른쪽 맨 위 3까지 갈 거예요.
처음 4와 마지막 3을 포함해 지나온 숫자 다섯 개를 더해요.
단, 검은색 원을 지날 때마다 1을 빼요.
나올 수 있는 가장 큰 값은 얼마일까요?

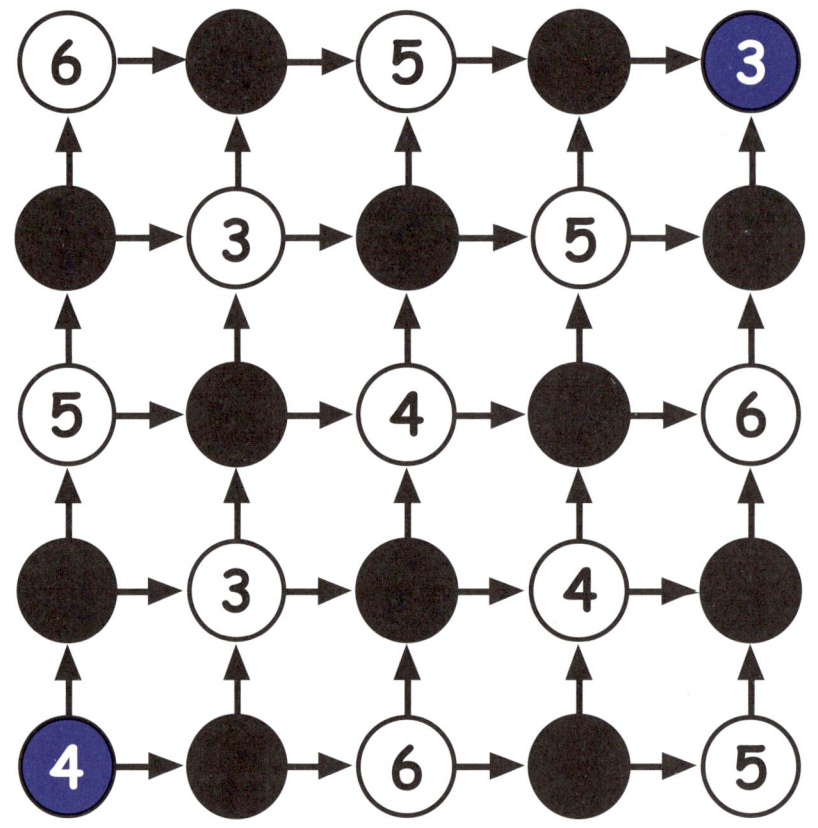

답 : 172쪽

068

★★☆

아래 표의 기호들은 각각 어떤 숫자를 뜻해요.
가로줄과 세로줄마다 각 기호를 더한 값이 한쪽에 적혀 있어요.
물음표에는 어떤 숫자가 들어가야 할까요?

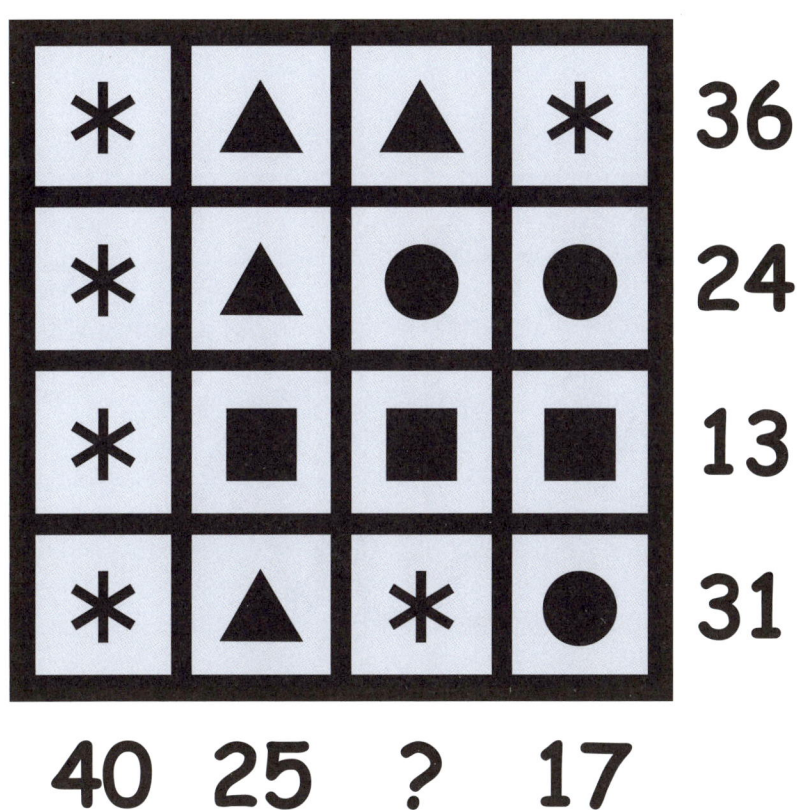

답 : 172쪽

069

베녹스 별나라에서는 1V, 2V, 5V, 10V, 20V, 50V짜리 동전을 써요.
이 나라에 사는 모아모아는 은행에 306V를 저금하려고,
동전 네 종류를 같은 개수만큼 가져왔어요.
모아모아는 어떤 동전을 몇 개씩 가져왔을까요?

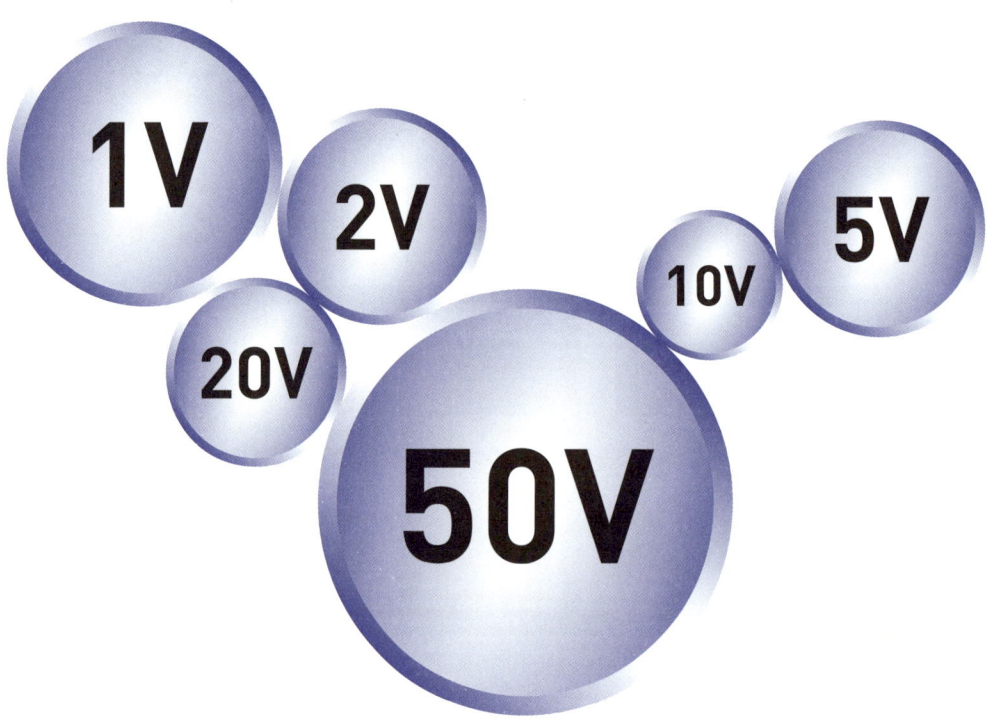

답 : 172쪽

★☆☆
070

직선을 그어 코뿔소의 몸을 나누려고 해요.
나뉜 부분마다 1, 2, 3, 4, 5가 모두 들어 있어야 해요.
직선을 가장 적게 쓰려면 어떻게 나누어야 할까요?
그리고 이때 쓴 직선은 몇 개일까요?

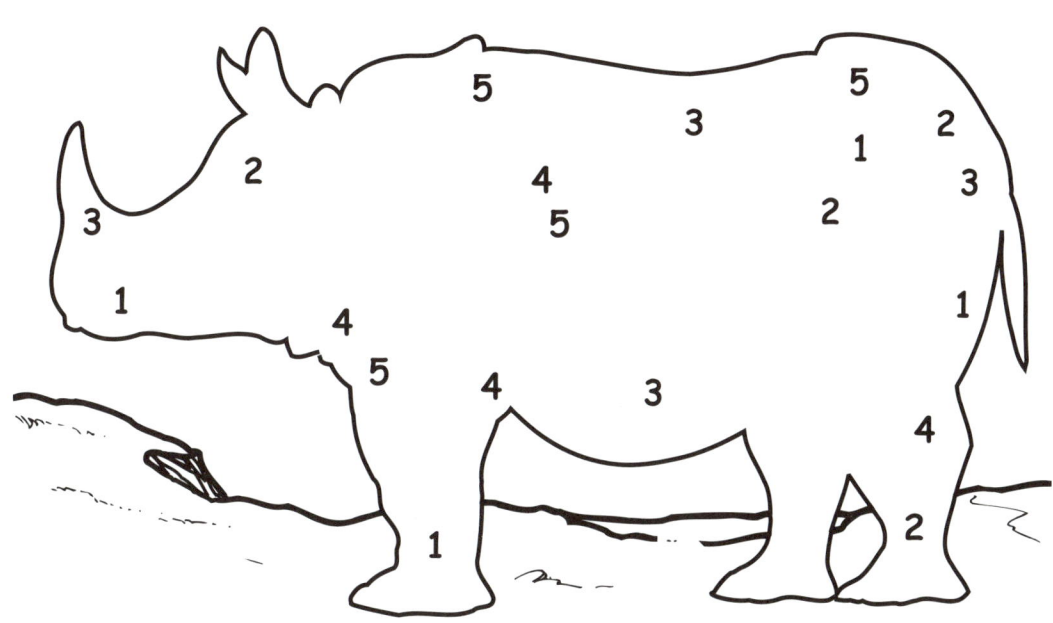

답 : 172쪽

★★★
071

한가운데에 있는 2부터 시작해서 숫자 네 개를 연결할 거예요.
위아래나 양옆에 맞닿은 숫자를 이을 수 있어요.
2에다 숫자 세 개를 더해서 12가 나와야 합니다.
12가 되는 길은 모두 몇 가지일까요?

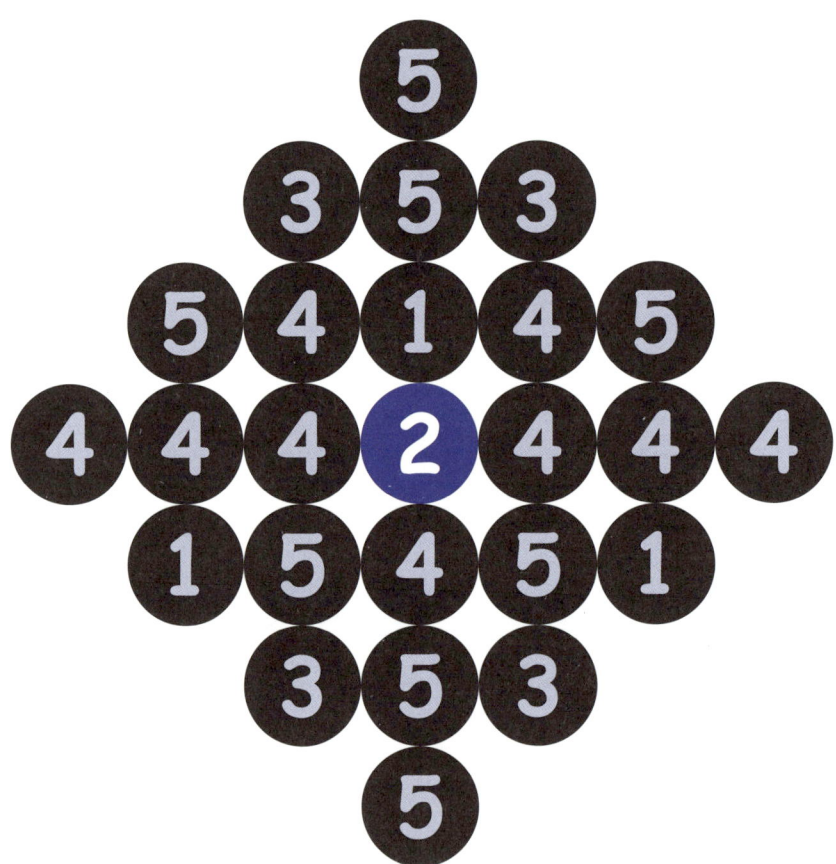

답 : 172쪽

072

1번 저울과 2번 저울은 균형을 맞추고 있어요.
3번 저울이 균형을 맞추기 위해 A가 몇 개 있어야 할까요?

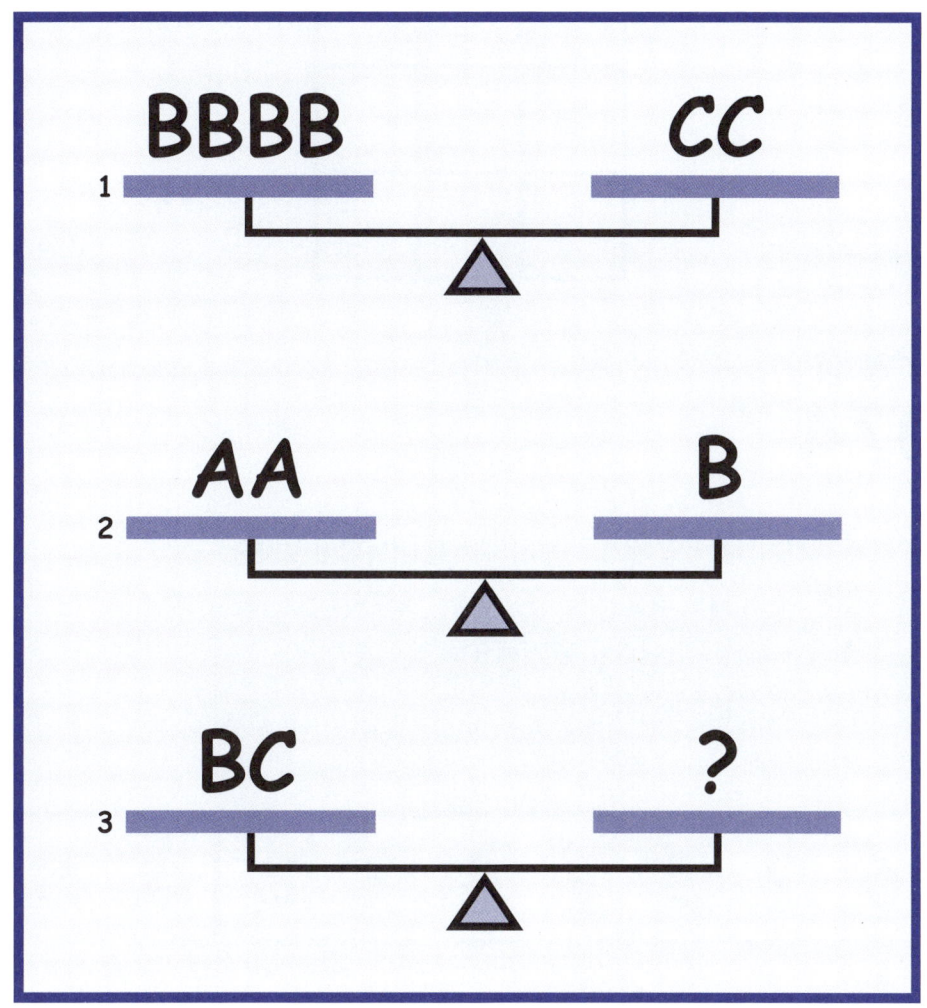

답 : 172쪽

★★★
073

이 그림에서 찾을 수 있는 사각형은 모두 몇 개일까요?
직사각형, 정사각형 모두 사각형에 포함된다는 사실을 잊지 마세요.

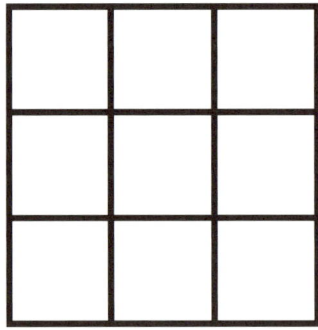

★★☆
074

물음표에 더하기, 빼기, 곱하기, 나누기 부호를 집어넣어 보세요.
같은 부호를 세 번 써도 돼요.
맞는 부호라면 계산의 답이 8이 될 거예요.
어떤 부호가 들어가야 할까요?

답 : 172쪽

075

전자계산기에 나타난 숫자를 어떤 수로 나누어 11을 만들 수 있어요.
132를 나누어 11을 만드는 두 자리 숫자는 무엇일까요?

답 : 172쪽

★☆☆
076

가로, 세로, 대각선 줄마다 모두 더해 같은 숫자가 되도록 빈칸을 채워 보세요.
들어갈 숫자는 두 개예요.
빈칸에 들어갈 숫자는 무엇일까요?

3		3	0	3
	3	3	3	
3	3	3	3	3
	3	3	3	
3		3		3

답 : 172쪽

077

그아앙~!
이 우주선을 쏘아 올리려면 우주선에 새겨진 모든 숫자를 한 자리 숫자로 나누어 나머지 없이 똑 떨어지게 만들어야 해요.
어떤 숫자로 나눠야 할까요?

답 : 172쪽

숫자들이 규칙에 따라 나란히 적혀 있어요.
물음표에는 어떤 숫자가 들어가야 할까요?

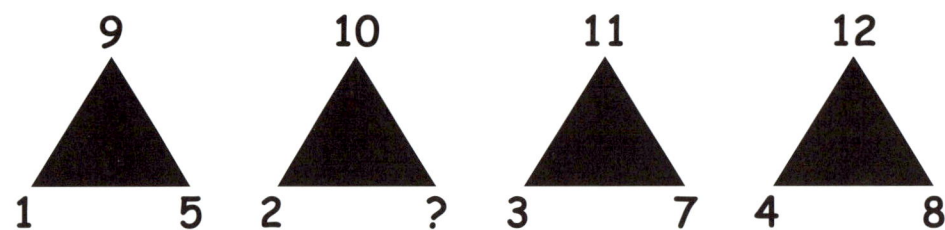

숫자들이 규칙에 따라 나란히 적혀 있어요.
물음표에는 어떤 숫자가 들어가야 할까요?

답 : 172쪽

★☆☆
080

2톤이나 되는 몸무게에 맞지 않게 뇌가 골프공만큼 작은 스테고사우루스예요.
스테고사우루스 몸에 숫자 4가 모두 몇 개 있을까요?

답 : 172쪽

081

첫 번째 그림에서 아래 그림 빈칸에 들어갈 숫자 여섯 개를 찾아야 해요.
빈칸의 위아래에는 빈칸에 들어갈 수 있는 숫자 두 개의 위치가 적혀 있고, 그중에서 하나를 선택해서 빈칸에 넣어야 합니다.
단, 선택한 숫자 여섯 개는 어떤 규칙을 따라야 해요.
빈칸에 들어갈 숫자 여섯 개는 무엇일까요?

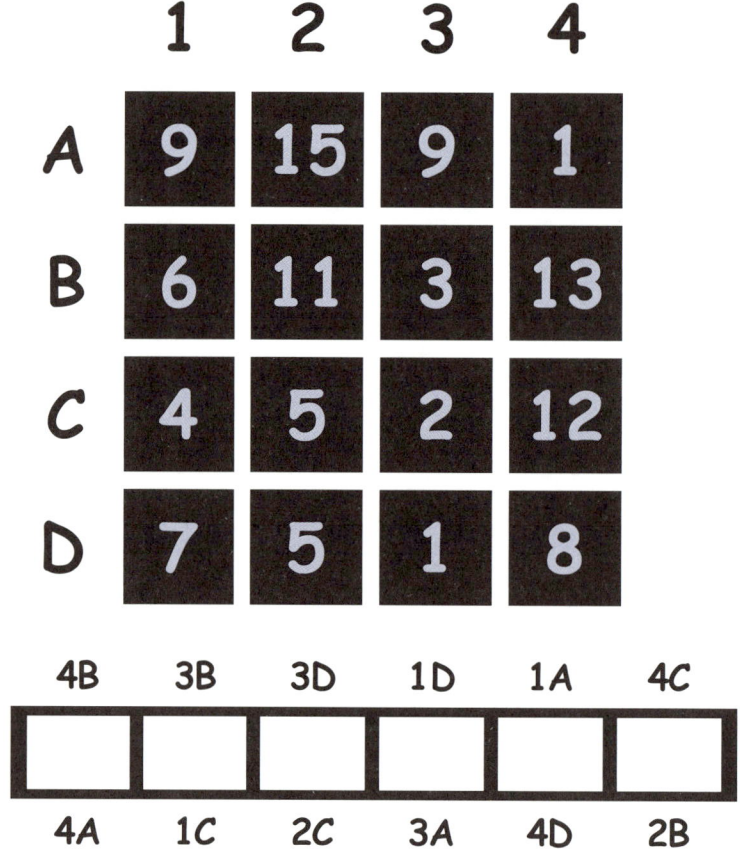

답 : 172쪽

082

짝수 점만 죽 이어 보세요.
가장 낮은 숫자부터 시작해서 그다음 낮은 숫자로 이어 가는 거예요.
뭐가 만들어지나요?

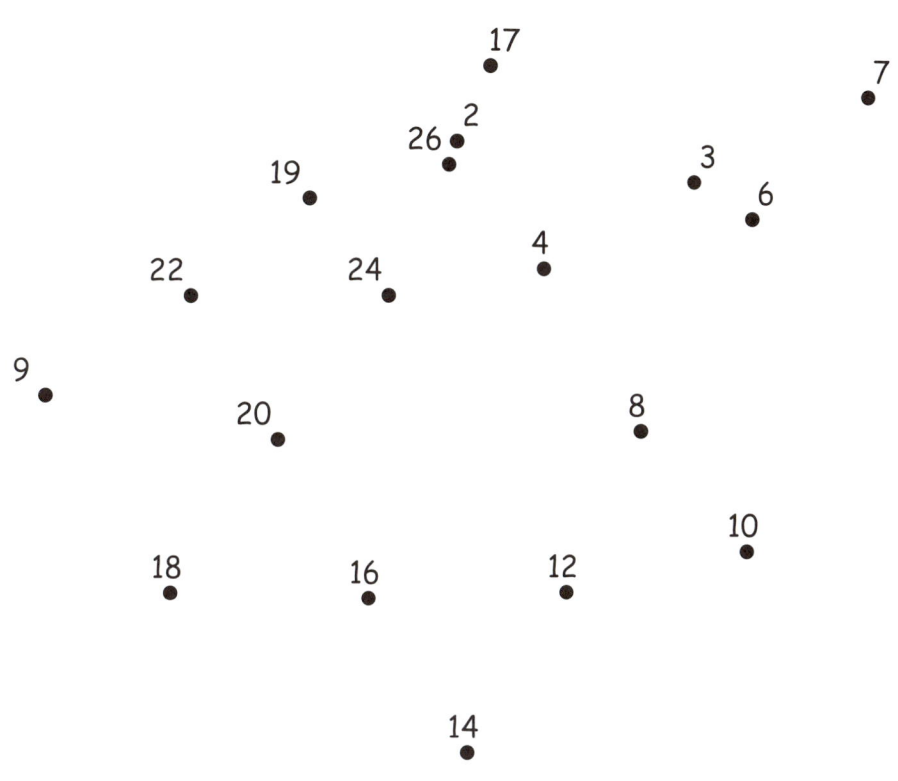

답 : 173쪽

083

케이크 조각마다 숫자가 적혀 있네요. 케이크 세 조각을 골라 보세요.
세 숫자를 더한 값이 13이 되어야 합니다. 합계 13을 만드는 조합은 몇 가지일까요?
조합에 같은 케이크 조각을 중복해서 사용할 수 있지만 케이크 조각의 순서만 바꾼 것은 제외합니다.

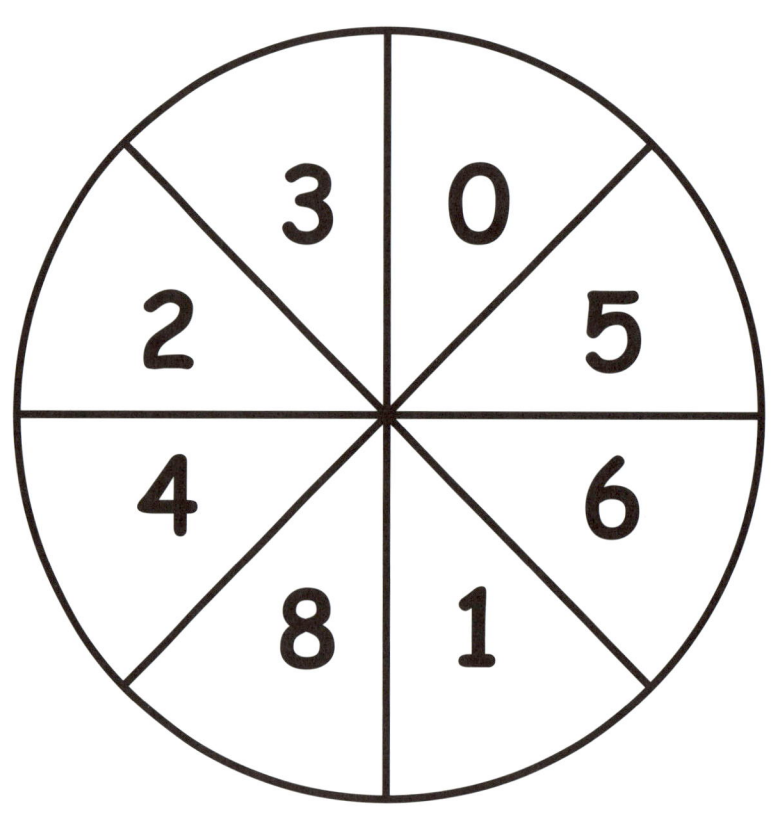

답 : 173쪽

★ ☆ ☆
084

표에서 가로줄마다 가운데 숫자와 왼쪽, 오른쪽 숫자 사이에는 규칙이 있어요.
물음표에 들어갈 숫자는 무엇일까요?

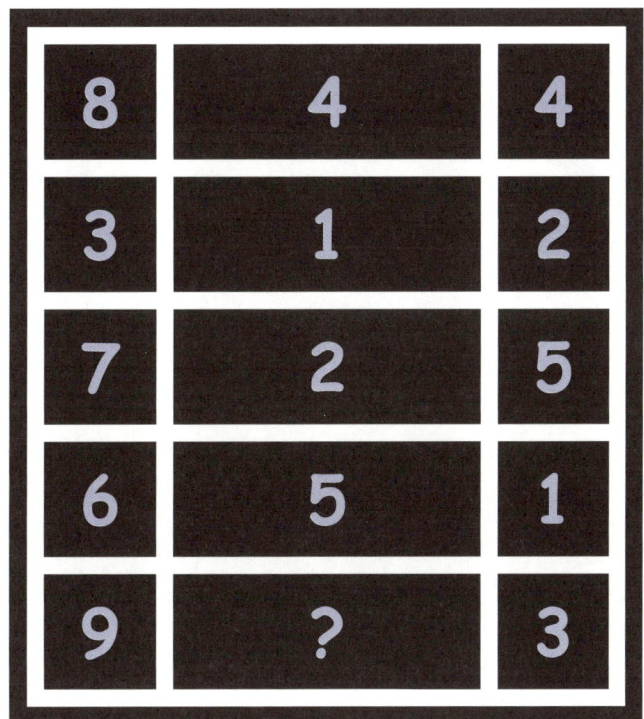

답 : 173쪽

★★☆
085

왼쪽 맨 아래 2부터 출발해서 오른쪽 맨 위 3까지 갈 거예요.
3에 도착했을 때 출발점 2와 도착점 3을 포함해 지나온 숫자 아홉 개를 더해 보세요.
단, 오른쪽이나 위쪽으로만 움직일 수 있어요.
숫자 아홉 개를 더한 값 가운데 가장 큰 수는 무엇일까요?

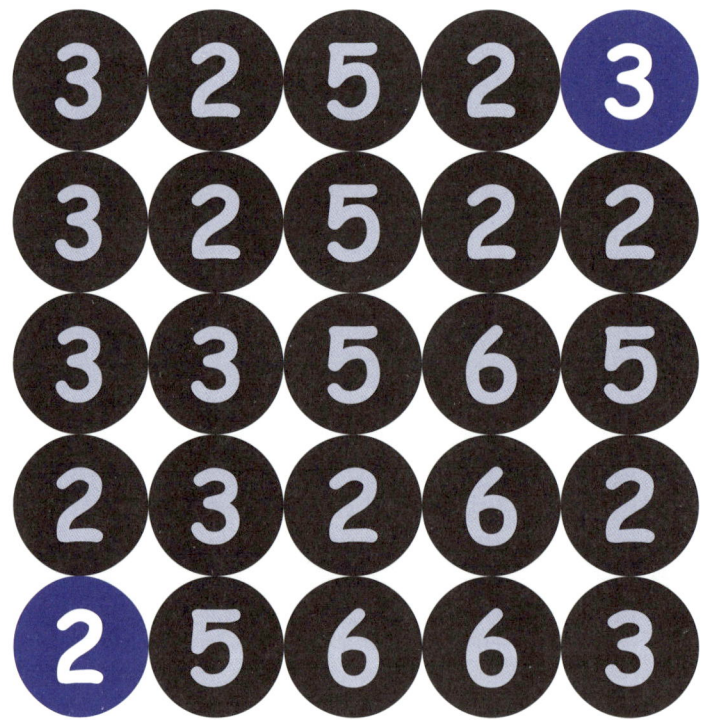

답 : 173쪽

★☆☆
086

네 모퉁이 중 한곳에서 출발해 선을 따라 이동해요.
출발한 숫자를 포함해서 숫자 다섯 개를 모두 더했을 때 나올 수 있는 가장 큰 값은 얼마일까요?

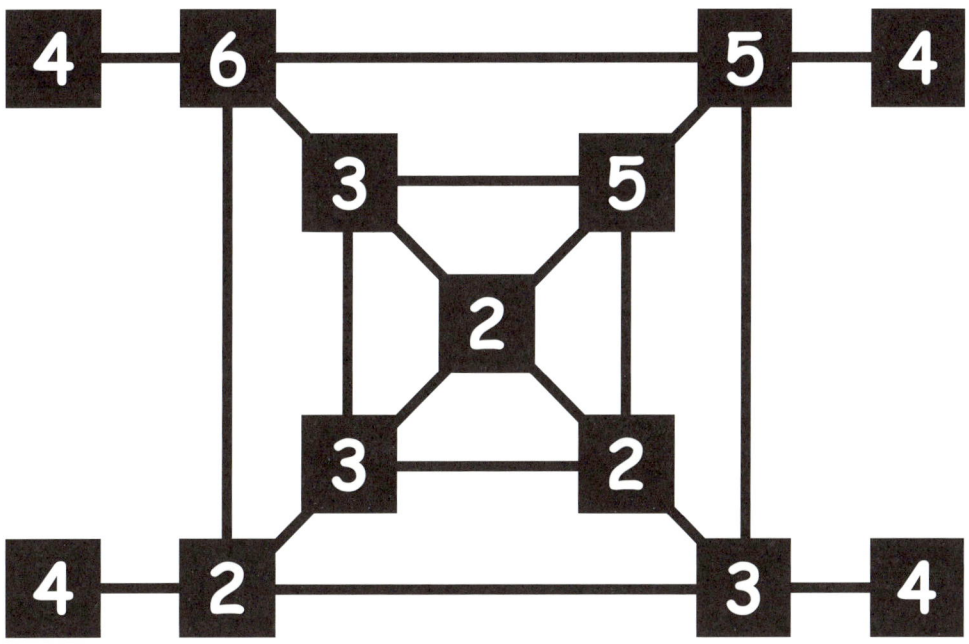

답 : 173쪽

087

원에 적힌 숫자들 사이에는 규칙이 있어요.
물음표에는 어떤 숫자가 들어가야 할까요?

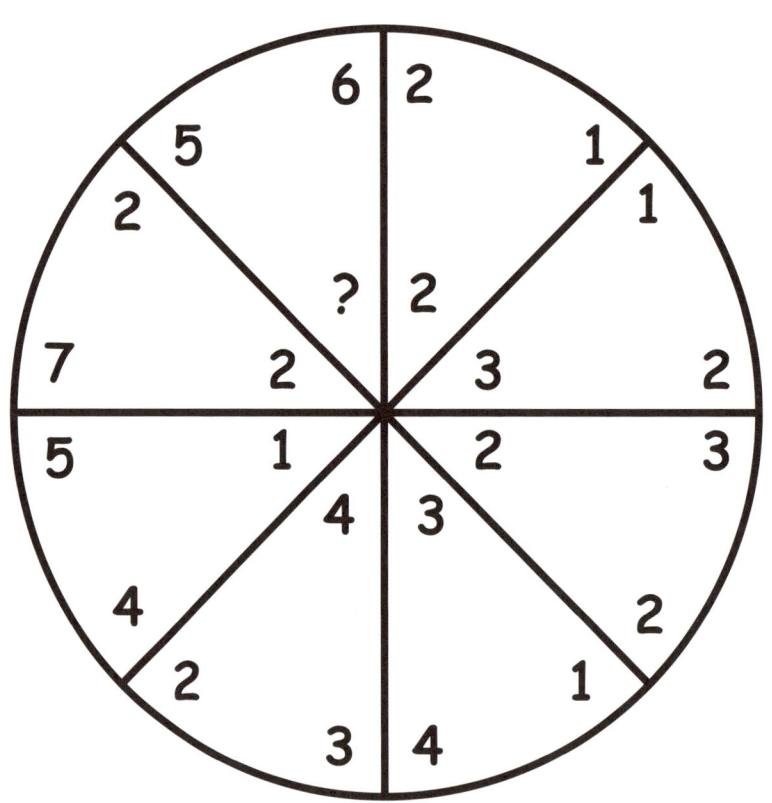

답 : 173쪽

088

별난 금고예요. 금고를 열려면 정해진 순서에 따라 모든 버튼을 딱 한 번씩 누르고, 마지막으로 '열림' 버튼을 눌러야 해요.

버튼에 적힌 숫자와 알파벳은 어느 방향으로 몇 칸을 움직여야 하는지 알려 줘요. 예를 들면 1i는 '한 칸 안쪽으로', 1O는 '한 칸 바깥쪽으로' 움직이라는 뜻이고요. 1C는 '한 칸 시계 방향으로', 1A는 '한 칸 시계 반대 방향으로' 움직이라는 뜻이죠. 자, 어떤 버튼을 맨 먼저 눌러야 할까요?

힌트를 줄게요. 맨 바깥쪽을 살펴보세요.

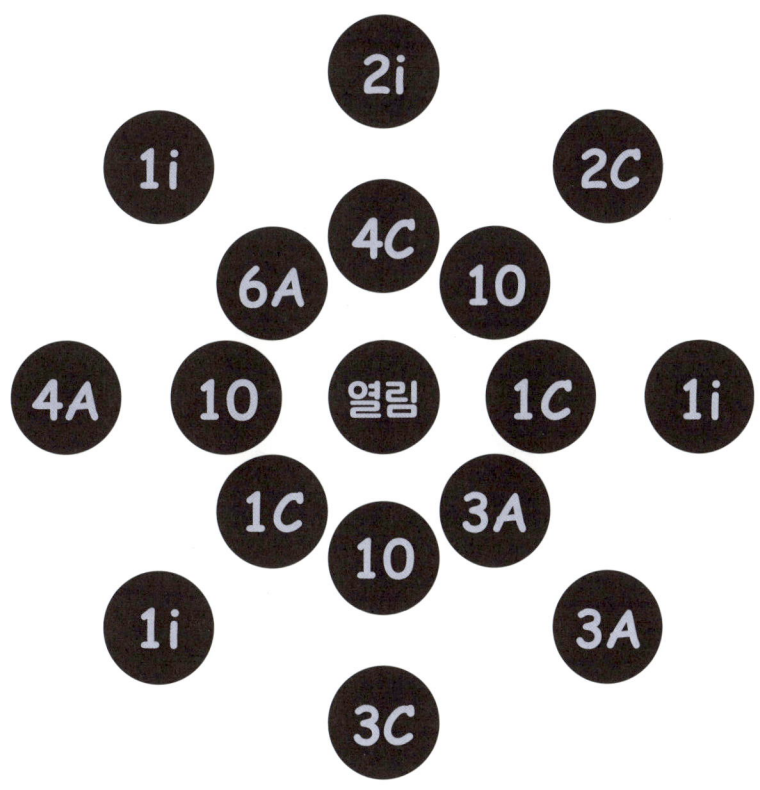

답 : 173쪽

089

케이크를 아래 그림처럼 8등분했어요. 케이크 조각마다 초콜릿 위에 장식된 숫자와 생크림 위에 장식된 숫자를 더한 값이 모두 같아요.

또 바깥 둘레의 초콜릿 위에 장식된 숫자를 더한 값과 생크림 위에 장식된 숫자를 더한 값, 가장 안쪽 초콜릿 위에 장식된 숫자를 더한 값은 서로 같아요.

장식이 빠진 케이크 조각의 초콜릿과 생크림 위에 장식할 숫자는 무엇일까요?

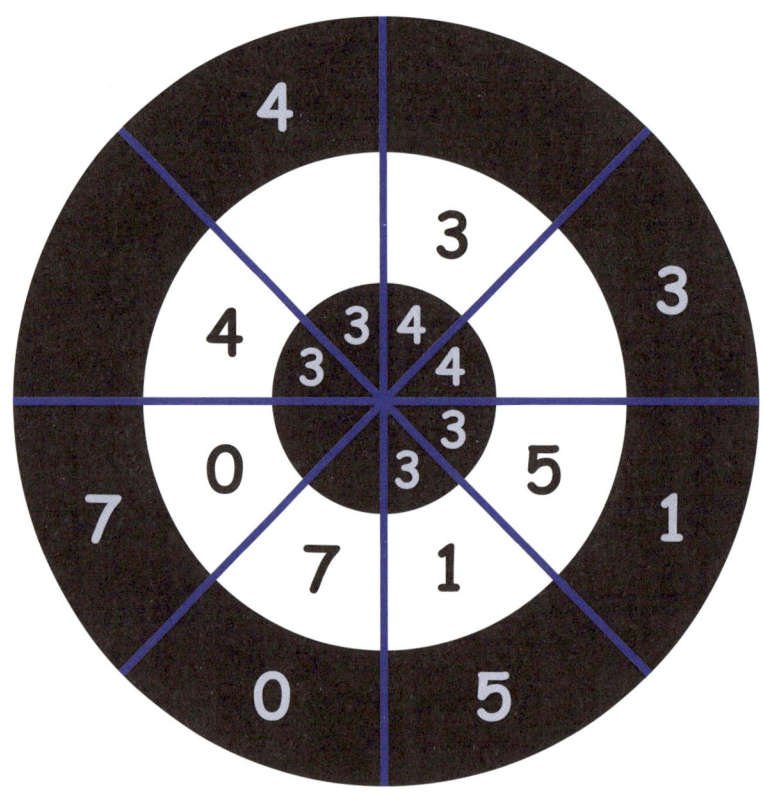

답 : 173쪽

090

생일 케이크에 크게 주인공의 나이를 장식했어요.
그런데 여러 조각으로 잘랐더니 잘 모르겠네요.
케이크 조각을 이리저리 움직여 맞춰 보면 나이가 나올 거예요.
생일을 맞은 아이는 몇 살일까요?

답 : 173쪽

091

코가 긴 코끼리예요.
코끼리는 화가 나면 귀를 뒤로 젖히고 코를 말아 올려요.
A부터 코끼리 몸 위에 적힌 숫자들을 지나 B까지 갈 거예요.
A부터 B까지 가면서 각 부분의 숫자를 모두 더했을 때 나오는 가장 작은 숫자는 무엇일까요?

답 : 173쪽

092

왼쪽 맨 아래 5부터 출발해서 화살표를 따라 오른쪽 맨 위 4까지 갈 거예요.
처음 5와 마지막 4를 포함해 지나온 숫자 다섯 개를 더해요.
단, 검은색 원을 지날 때마다 3을 빼요.
나올 수 있는 가장 큰 값은 얼마일까요?

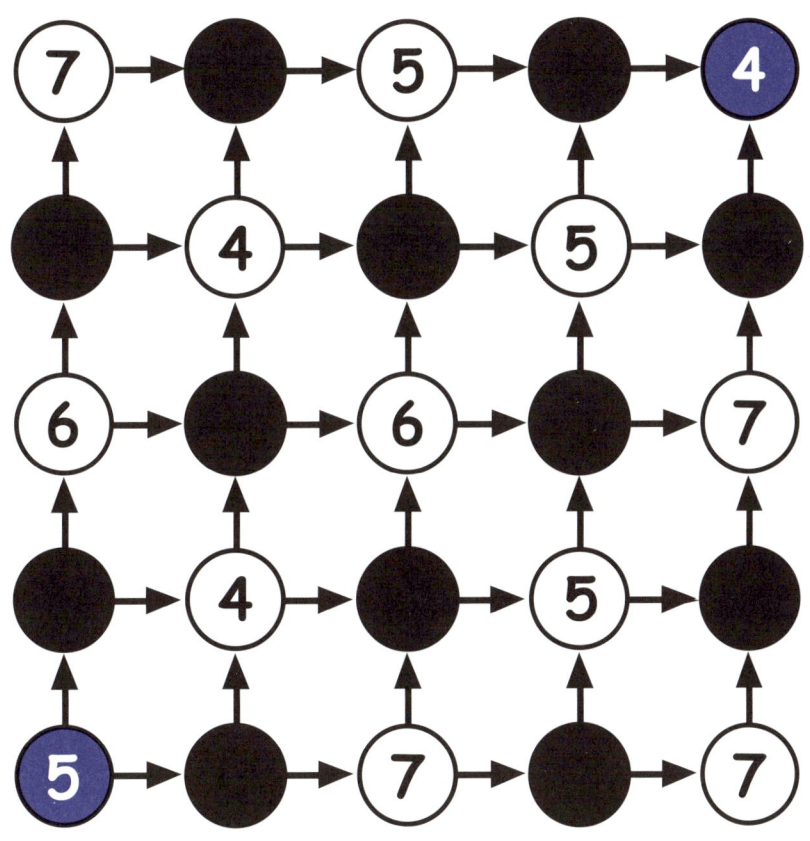

답 : 173쪽

★★☆
093

아래 표의 기호들은 각각 어떤 숫자를 뜻해요.
가로줄과 세로줄마다 각 기호를 더한 값이 한쪽에 적혀 있어요.
물음표에는 어떤 숫자가 들어가야 할까요?

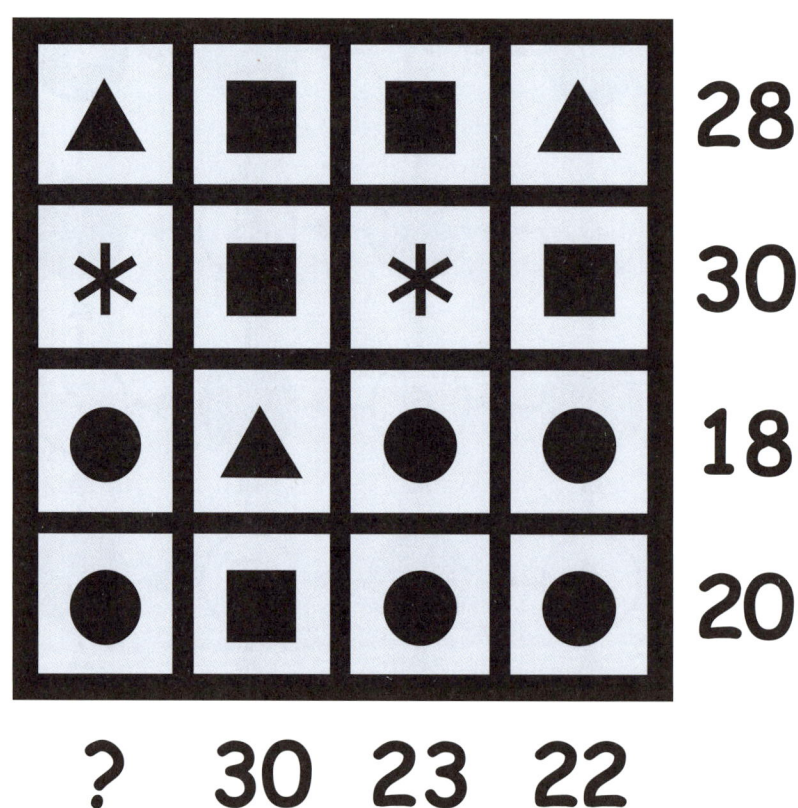

답 : 173쪽

★ ☆ ☆
094

산타 할아버지의 짐을 운반하는 순록이군요.
직선을 그어 순록의 몸을 나누려고 해요.
나눈 부분마다 1, 2, 3, 4, 5가 모두 들어 있어야 해요.
직선을 가장 적게 쓰려면 어떻게 나누어야 할까요?
그리고 이때 쓴 직선은 몇 개일까요?

답 : 173쪽

095

물음표에 더하기, 빼기, 곱하기, 나누기 부호를 집어넣어 보세요.
같은 부호를 세 번 써도 돼요.
맞는 부호라면 계산한 값이 7이 될 거예요.
어떤 부호가 들어가야 할까요?

096

깃발의 상징을 가만히 보니 숫자 하나가 숨어 있네요. 무엇일까요?

답 : 173쪽

★☆☆
097

한가운데에 있는 7부터 시작해서 숫자 네 개를 연결할 거예요.
위아래나 양옆에 맞닿은 숫자를 이을 수 있어요.
7에다 숫자 세 개를 더해서 20이 나와야 합니다.
20이 되는 길은 모두 몇 가지일까요?

답 : 174쪽

098

선을 그어 상자를 모양이 똑같게 네 조각으로 나누어 보세요.
단, 네 조각 안에 들어 있는 숫자들을 더한 값이 조각마다 똑같아야 해요.
상자를 어떻게 나누어야 할까요?

답 : 174쪽

099

1번 저울과 2번 저울은 균형을 맞추고 있어요.
3번 저울이 균형을 맞추기 위해서 A는 몇 개 있어야 할까요?

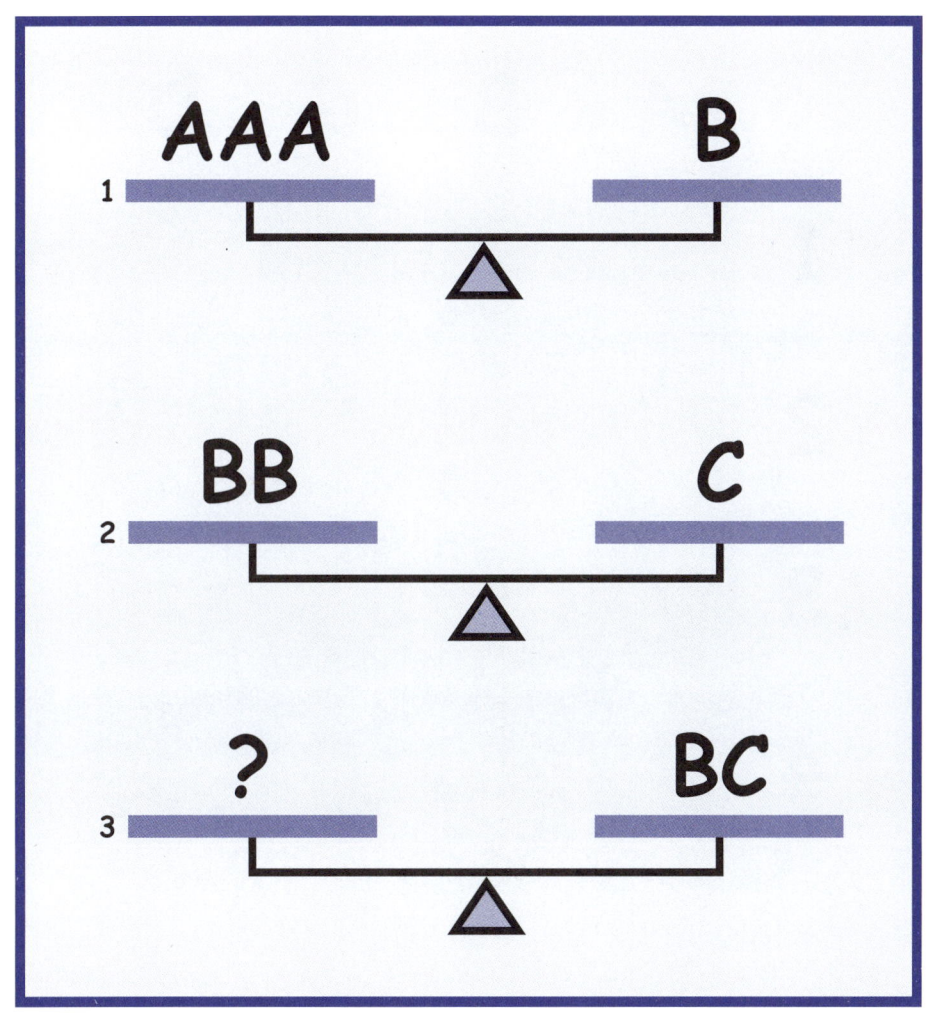

답 : 174쪽

★☆☆
100

칸마다 숫자들이 적혀 있어요.
각 칸에 적힌 숫자가 서로 같은 칸 3개는 무엇일까요?

	A	B	C	D
1	9 4 / 3	8 / 7 6	3 8 / 4	8 / 2 3
2	1 / 2 7	9 / 6 5	9 / 2 5	5 8 / 6
3	5 7 8	5 / 9 / 2	4 7 / 2	8 7 9
4	5 / 2 / 9	9 / 8 1	4 9 / 2	3 / 1 8

답 : 174쪽

★ ☆ ☆
101

더하기, 빼기, 곱하기, 나누기 어느 버튼을 사용하든 똑같은 숫자를 두 번 눌러서 전자계산기에 나타난 숫자를 만들어 보세요.
어떤 버튼과 숫자를 눌러야 할까요?

답 : 174쪽

★★☆
102

가로, 세로, 대각선 줄마다 모두 더해 20이 되도록 빈칸을 채워 보세요.
들어갈 숫자는 두 개예요.
물음표에 들어갈 숫자는 무엇일까요?

6		6		5
0	6	6	7	
6	8	4	0	
5	?			10
3	4		9	

답 : 174쪽

103

그아앙~!
이 우주선을 쏘아 올리려면 숫자 110을 만들어야 해요.
우주선에 새겨진 숫자를 모두 더해 봐요.
모두 더한 숫자에다 2, 3, 4, 5, 6, 7 가운데 하나를 곱해요.
110이 되려면 어떤 숫자를 곱해야 할까요?

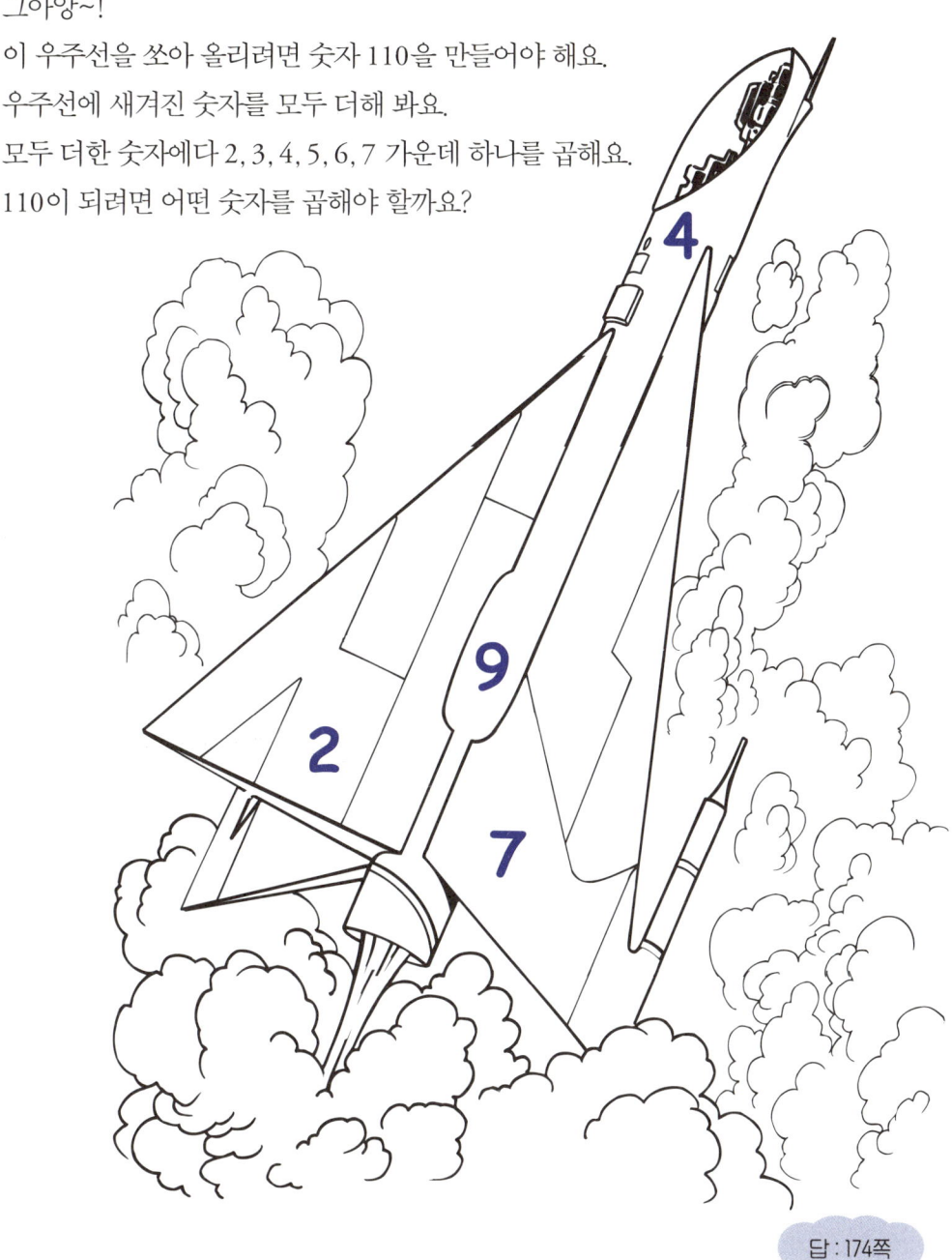

답 : 174쪽

★☆☆
104

백악기 말기 가장 크고 사나웠던 육식 공룡 티라노사우루스 렉스예요.
티라노사우루스 렉스의 몸에는 숫자 9가
모두 몇 개 있을까요?

답 : 174쪽

105

첫 번째 그림에서 아래 그림 빈칸에 들어갈 숫자 여섯 개를 찾아야 해요.
빈칸의 위아래에는 빈칸에 들어갈 수 있는 숫자 두 개의 위치가 적혀 있고, 그중에서 하나를 선택해서 빈칸에 넣어야 합니다.
단, 선택한 숫자 여섯 개는 어떤 규칙을 따라야 해요.
빈칸에 들어갈 숫자 여섯 개는 무엇일까요?

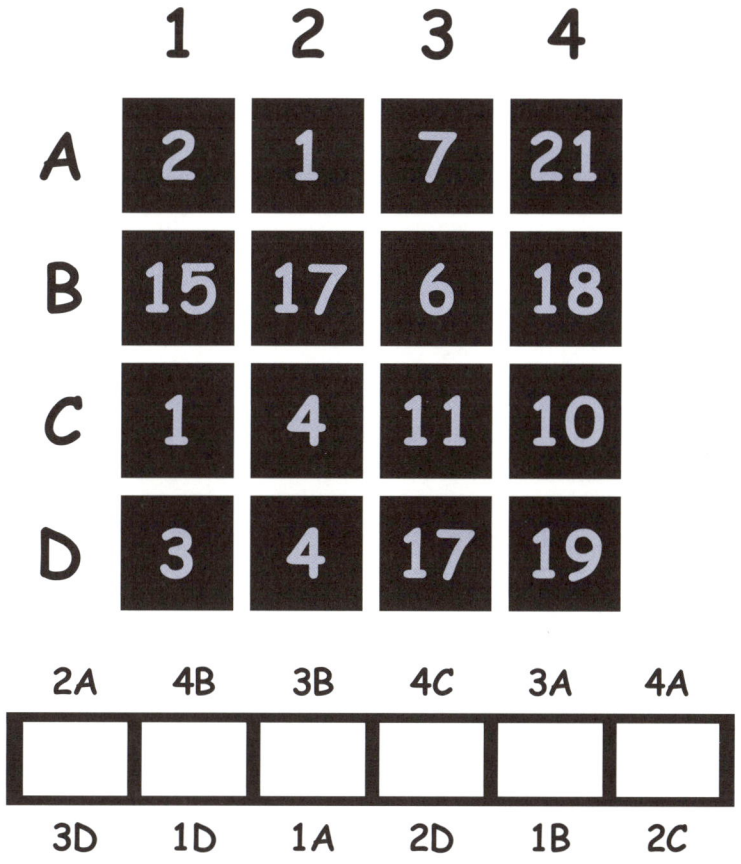

답 : 174쪽

106

정사각형 안에 적힌 숫자들에는
공통점이 있어요. 딱 한 숫자만 빼고요.
그 숫자는 무엇일까요?

16	28	14	44
24	52	48	8
40	4	64	36
12	32	56	20

107

숫자들이 규칙에 따라 나란히 적혀 있어요.
물음표에는 어떤 숫자가 들어가야 할까요?

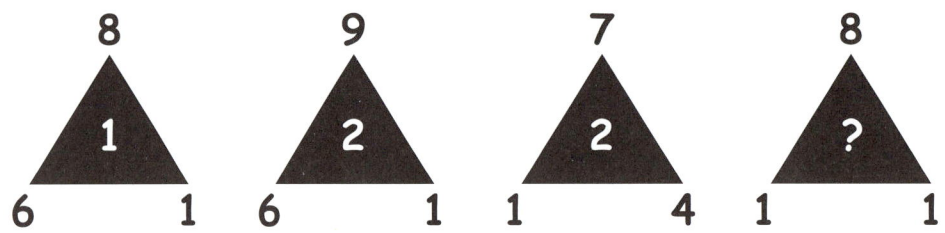

답 : 174쪽

★ ☆ ☆
108

가장 작은 숫자부터 시작해서 가장 큰 숫자까지, 10으로 나뉘는 숫자가 적힌 점만 죽 이어 보세요.
무엇이 그려지나요?

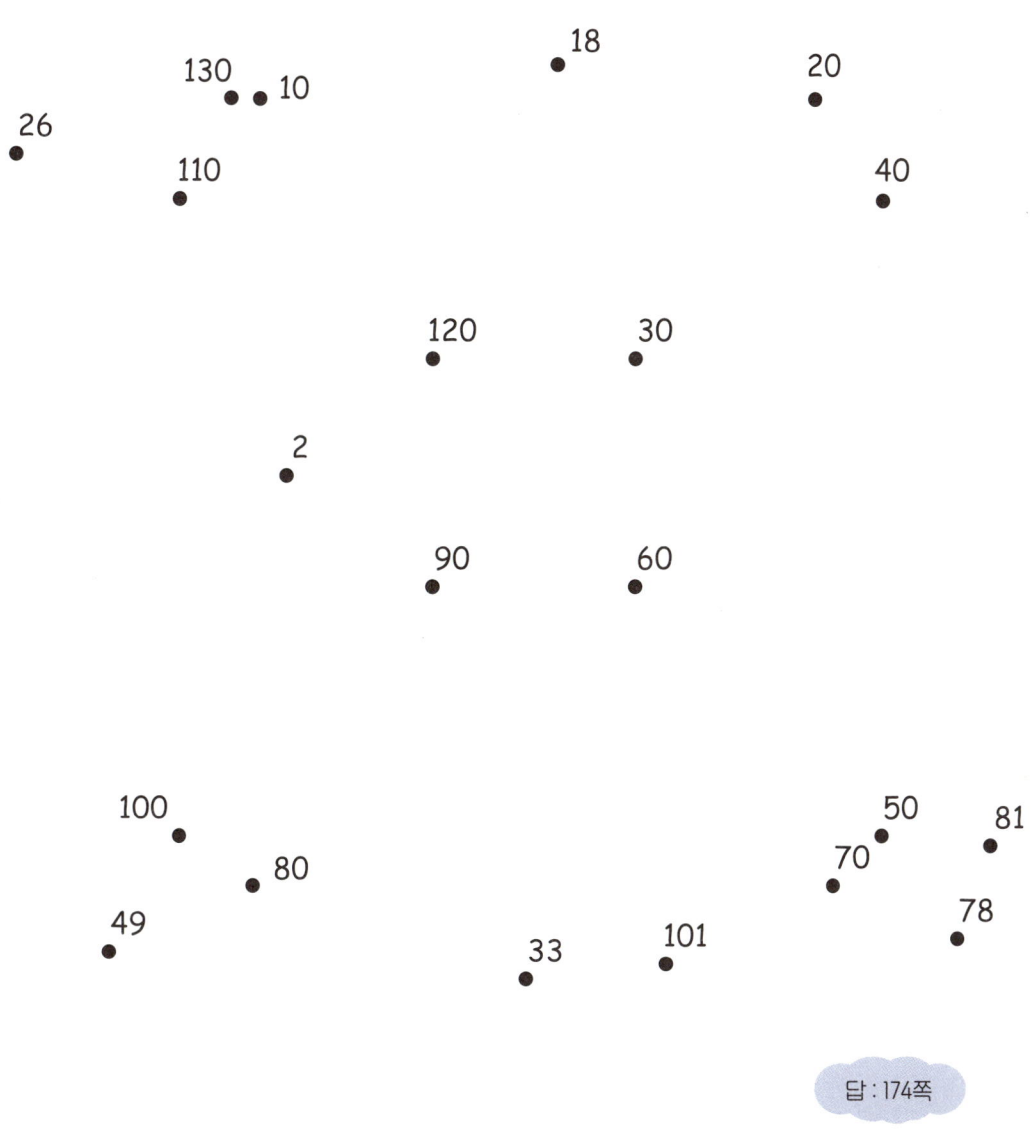

답 : 174쪽

★★★
109

상자 A~F 중에서 하나만 다른 상자예요. 어떤 상자가 다른 상자일까 골라 보세요.

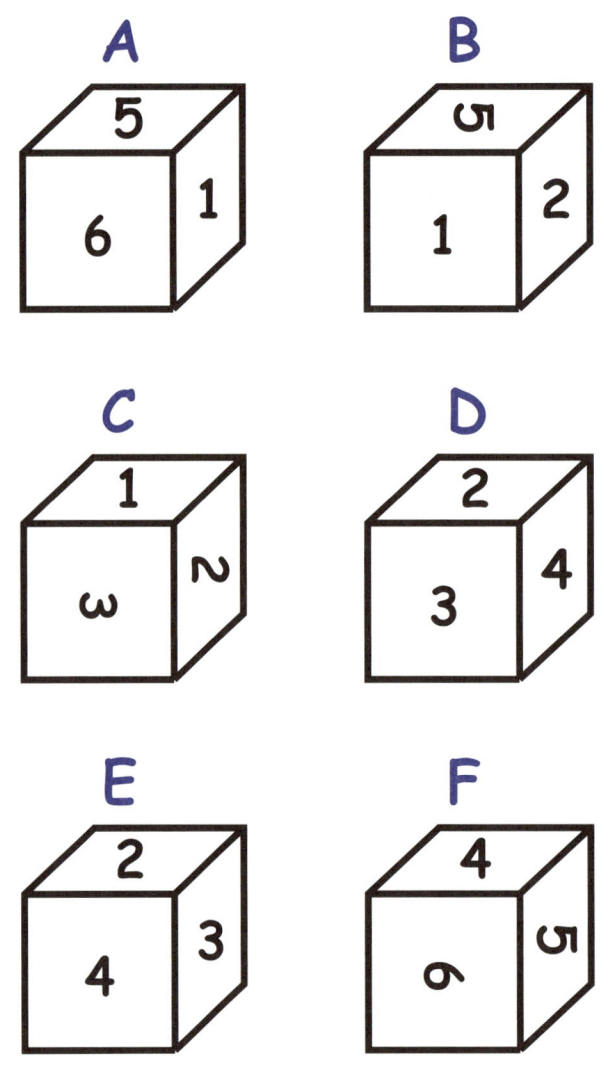

답 : 174쪽

가로, 세로, 대각선 줄마다 1부터 5까지 숫자 다섯 개가 한 번씩 들어가야 합니다.
빈칸을 채워 표를 완성해 보세요.
물음표에는 어떤 숫자가 들어가야 할까요?

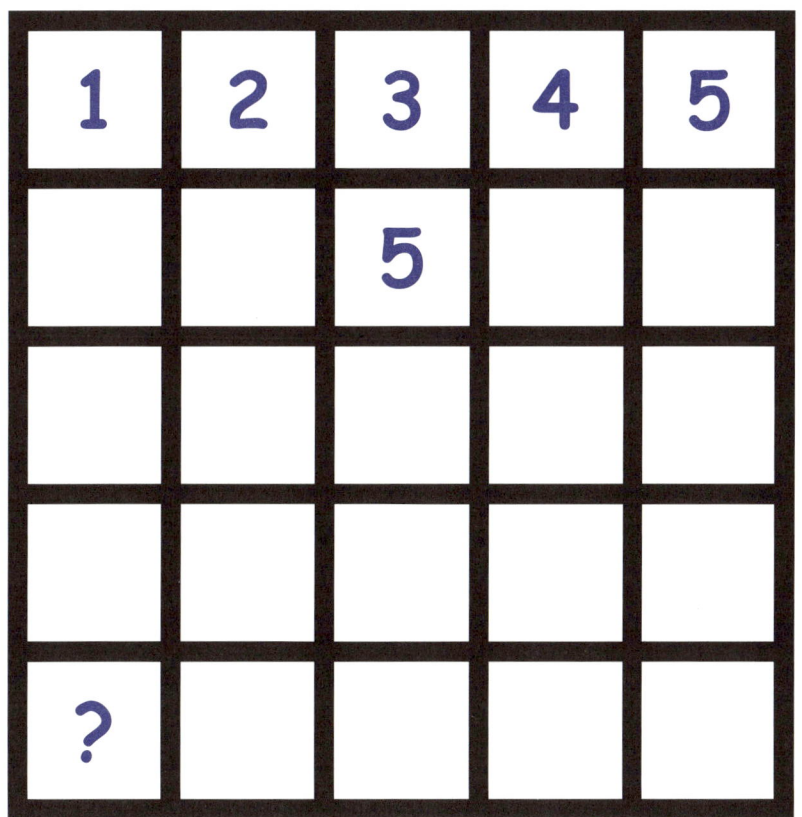

답 : 175쪽

111

숫자들이 규칙에 따라 나란히 적혀 있어요.
물음표에는 어떤 숫자가 들어가야 할까요?

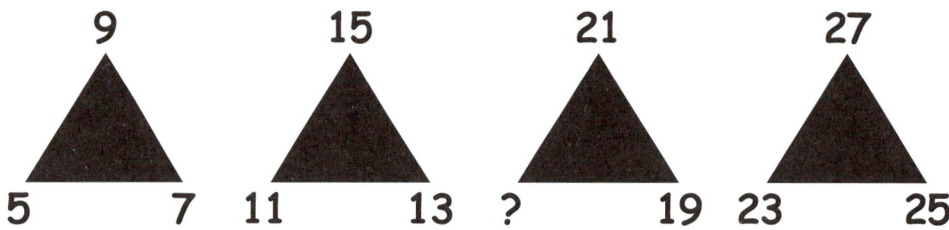

112

숫자들이 규칙에 따라 나란히 적혀 있어요.
물음표에는 어떤 숫자가 들어가야 할까요?

답 : 175쪽

★★★
113

케이크 조각마다 숫자가 적혀 있네요. 케이크 네 조각을 골라 보세요.
네 숫자를 더한 값이 12가 되어야 합니다. 합계 12를 만드는 조합은 몇 가지일까요?
조합에 같은 케이크 조각을 중복해서 사용할 수 있지만 케이크 조각의 순서만 바꾼 것은 제외합니다.

답 : 175쪽

그림의 숫자들 사이에는 규칙이 있어요.
물음표에는 어떤 숫자가 들어가야 할까요?

이 그림에서 찾을 수 있는 사각형은 모두 몇 개일까요?

답 : 175쪽

116

표에서 가로줄마다 가운데 숫자와 왼쪽, 오른쪽 숫자 사이에는 규칙이 있어요.
물음표에 들어갈 숫자는 무엇일까요?

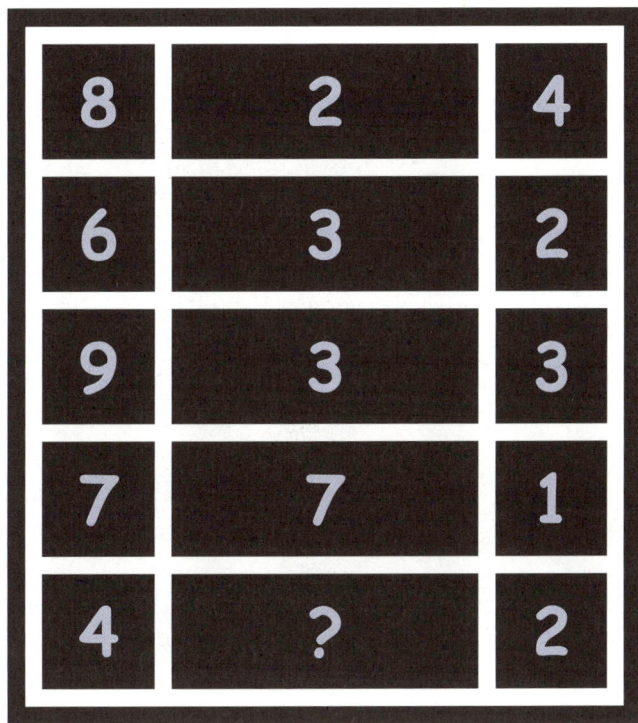

답 : 175쪽

117

왼쪽 맨 아래 8부터 출발해서 오른쪽 맨 위 7까지 갈 거예요.
7에 도착했을 때 출발점 8과 도착점 7을 포함해 지나온 숫자 아홉 개를 더해 봐요.
단, 오른쪽이나 위쪽으로만 움직일 수 있어요.
숫자 아홉 개를 더한 값 가운데 가장 작은 값은 얼마일까요?

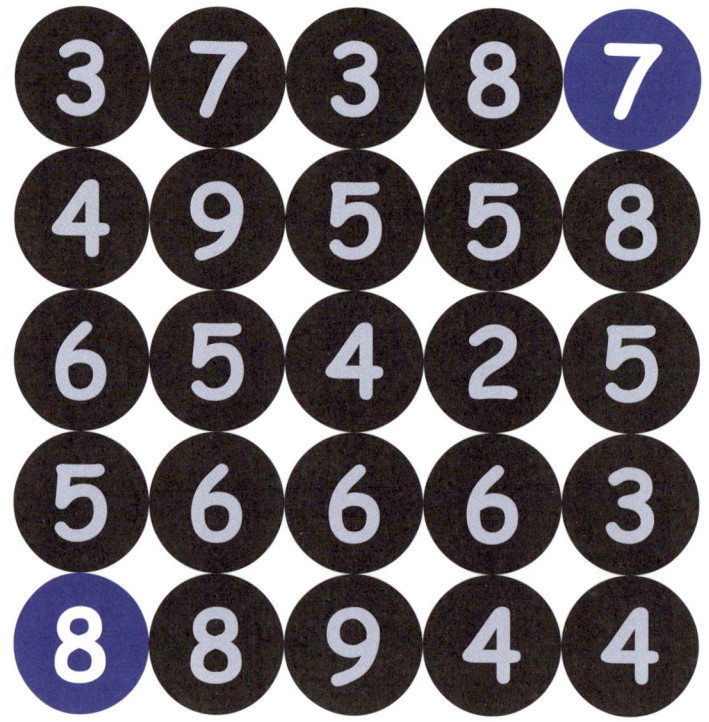

답 : 175쪽

118

네 모퉁이 중 한곳에서 출발해 선을 따라 이동해요.
출발한 숫자를 포함해서 숫자 다섯 개를 모두 더해 21을 만들 수 있는 방법은 모두 몇 가지일까요?

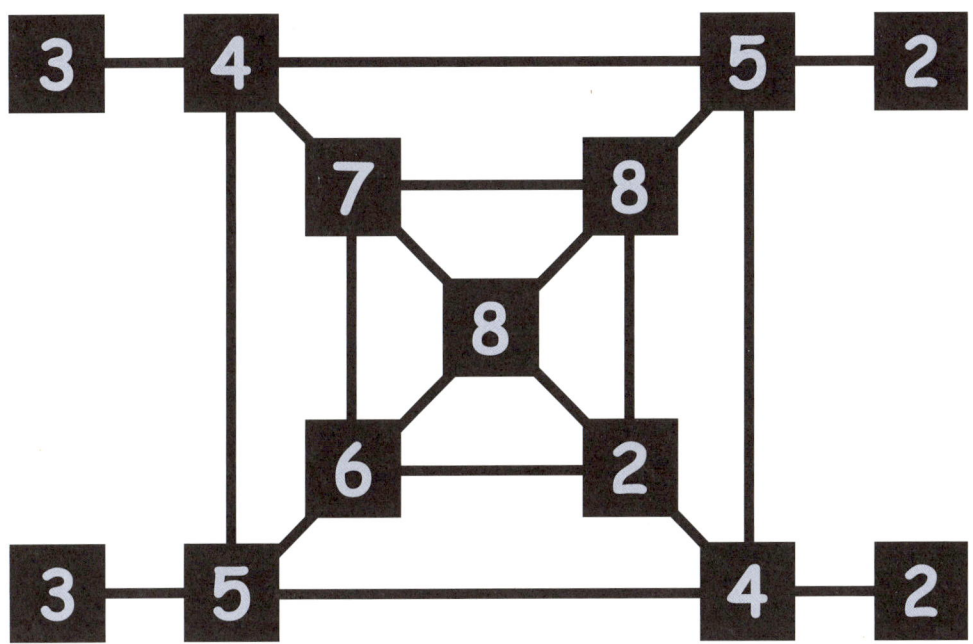

답 : 175쪽

119

가운데 물음표에 1보다 큰 숫자를 적어 보세요.
맞는 숫자를 넣으면 그 숫자로 나누었을 때 양옆의 숫자는 나머지 없이 똑 떨어져요.
어떤 숫자를 넣어야 할까요?

답 : 175쪽

★★☆
120

원에 적힌 숫자들 사이에는 규칙이 있어요.
물음표에는 어떤 숫자가 들어가야 할까요?

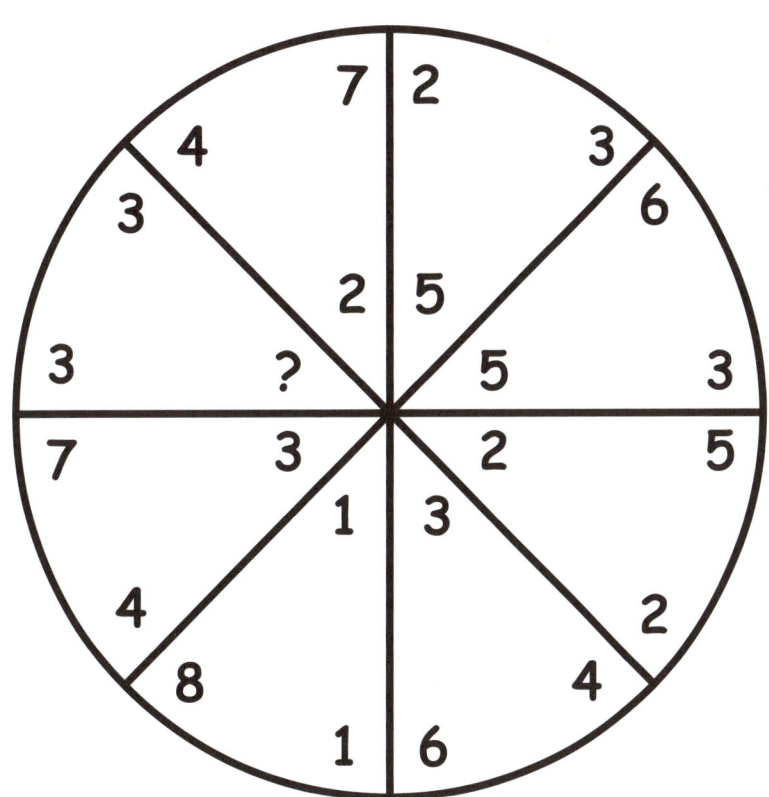

답 : 175쪽

★★★
121

별난 금고예요. 금고를 열려면 정해진 순서에 따라 모든 버튼을 딱 한 번씩 누르고, 마지막으로 '열림' 버튼을 눌러야 해요.

버튼에 적힌 숫자와 알파벳은 어느 방향으로 몇 칸을 움직여야 하는지 알려 줘요. 예를 들면 1i는 '한 칸 안쪽으로', 1O는 '한 칸 바깥쪽으로' 움직이라는 뜻이고요. 1C는 '한 칸 시계 방향으로', 1A는 '한 칸 시계 반대 방향으로' 움직이라는 뜻이죠.

자, 어떤 버튼을 맨 먼저 눌러야 할까요?

힌트를 줄게요. 안쪽에 있는 버튼 중 하나예요.

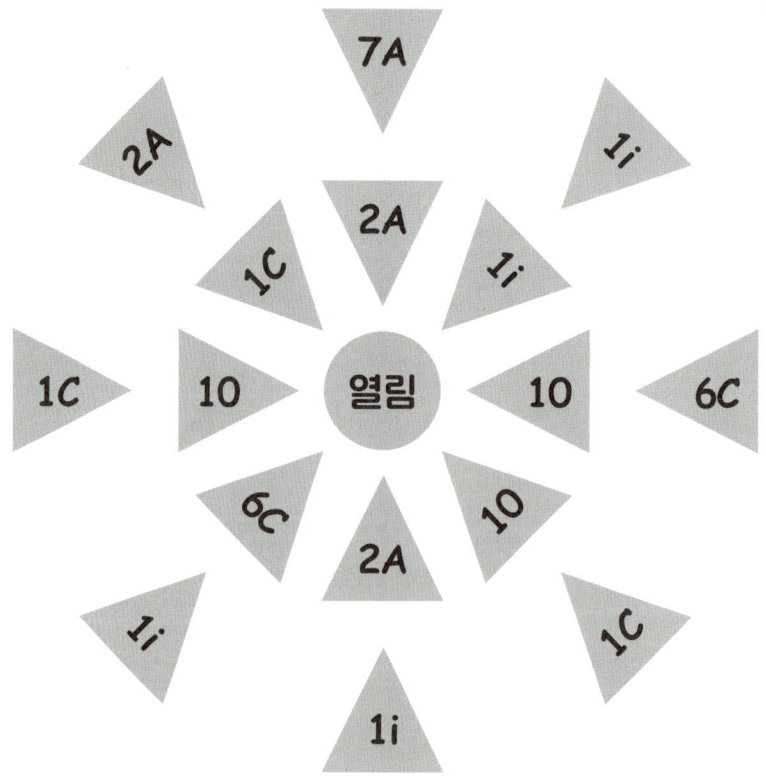

답 : 175쪽

122

케이크를 아래 그림처럼 8등분했어요. 케이크 조각마다 초콜릿 위에 장식된 숫자와 생크림 위에 장식된 숫자를 더한 값이 모두 같아요.
또 바깥 둘레의 초콜릿 위에 장식된 숫자를 더한 값과 생크림 위에 장식된 숫자를 더한 값, 가장 안쪽 초콜릿 위에 장식된 숫자를 더한 값은 서로 같아요.
장식이 빠진 케이크 조각의 초콜릿과 생크림 위에 장식할 숫자는 무엇일까요?

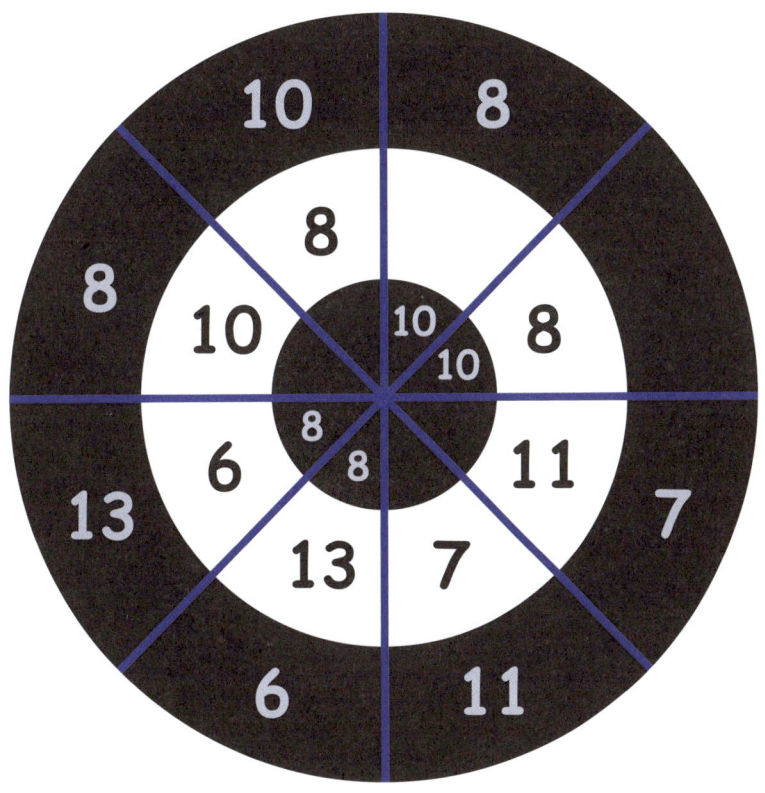

답 : 175쪽

★★☆
123

생일 케이크에 크게 주인공의 나이를 장식했어요.
그런데 여러 조각으로 잘랐더니 잘 모르겠네요.
케이크 조각을 이리저리 움직여 맞춰 보면 나이가 나올 거예요.
생일을 맞은 쌍둥이는 몇 살일까요?

답 : 175쪽

★☆☆
124

A부터 암소 몸 위에 적힌 숫자들을 지나 B까지 갈 거예요.
A부터 B까지 가면서 각 부분의 숫자를 모두 더했을 때 나올 수 있는 가장 작은 숫자는 무엇일까요?

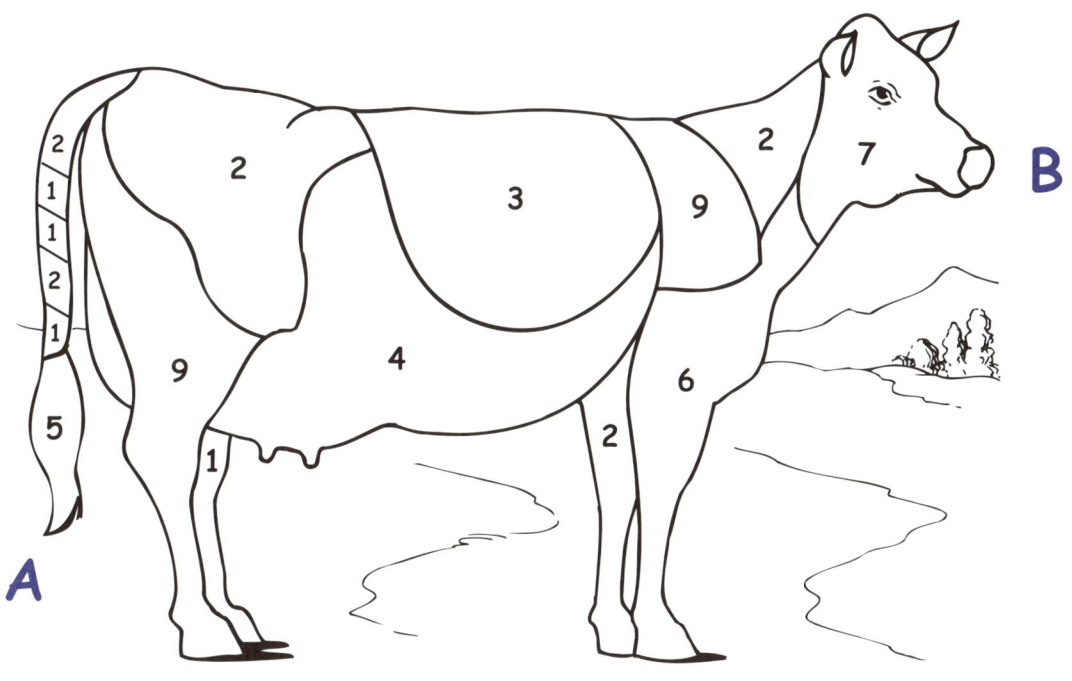

답 : 176쪽

★★★
125

케이크 조각마다 숫자가 적혀 있네요. 케이크 세 조각을 골라 보세요.
세 숫자를 더한 값이 9가 되어야 합니다. 합계 9를 만드는 조합은 몇 가지일까요?
조합에 같은 케이크 조각을 중복해서 사용할 수 있지만 케이크 조각의 순서만 바꾼 것은 제외합니다.

답 : 176쪽

126

왼쪽 맨 아래 8부터 출발해서 화살표를 따라 오른쪽 맨 위 5까지 갈 거예요.
처음 8과 마지막 5를 포함해 지나온 숫자 다섯 개를 더해요.
단, 검은색 원을 지날 때마다 4를 빼요.
나올 수 있는 가장 작은 값은 얼마일까요?
그리고 이 값이 나오는 길은 모두 몇 가지일까요?

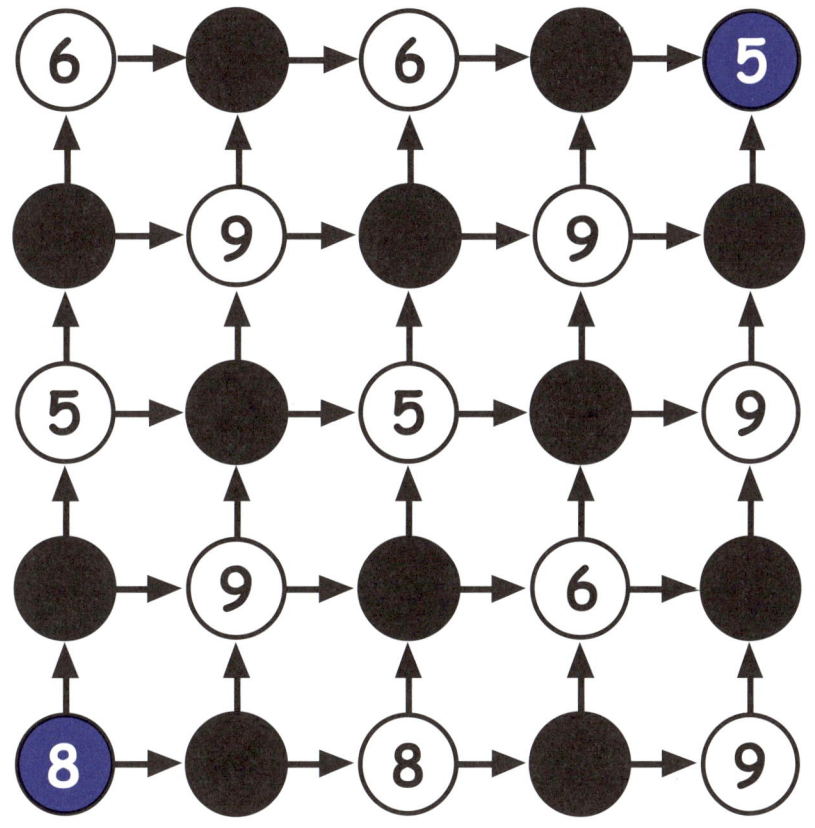

답 : 176쪽

★★★
127

아래 표의 기호들은 각각 어떤 숫자를 뜻해요.
가로줄과 세로줄마다 각 기호를 더한 값이 한쪽에 적혀 있어요.
물음표에는 어떤 숫자가 들어가야 할까요?

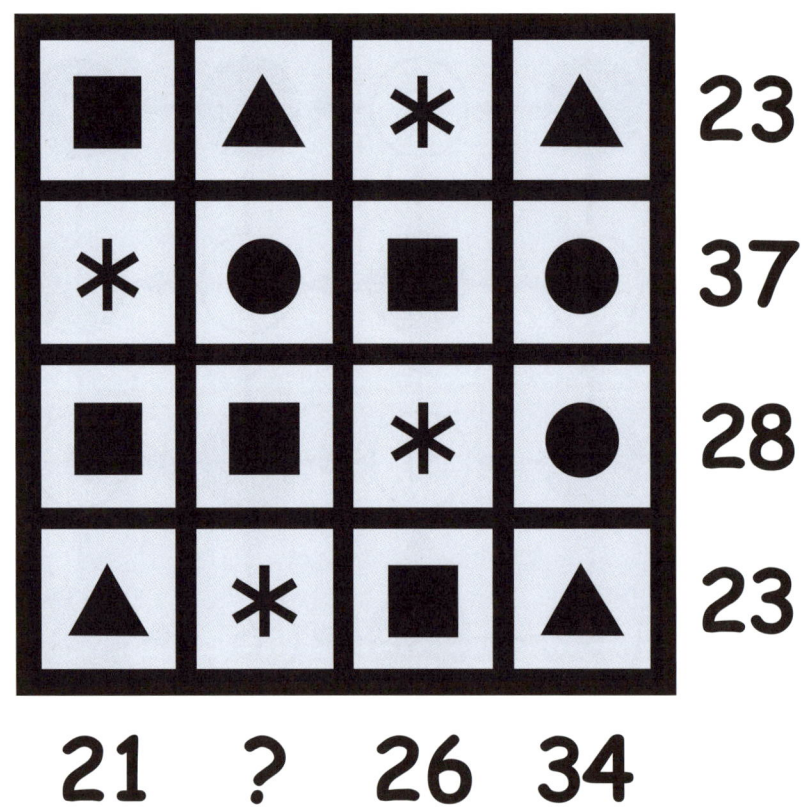

답 : 176쪽

128

베녹스 별나라에서는 1V, 2V, 5V, 10V, 20V, 50V짜리 동전을 써요.
이 나라에 사는 모아모아는 은행에 2,349V를 저금하려고,
동전 다섯 종류를 같은 개수만큼 가져왔어요.
모아모아는 어떤 동전을 몇 개씩 가져왔을까요?

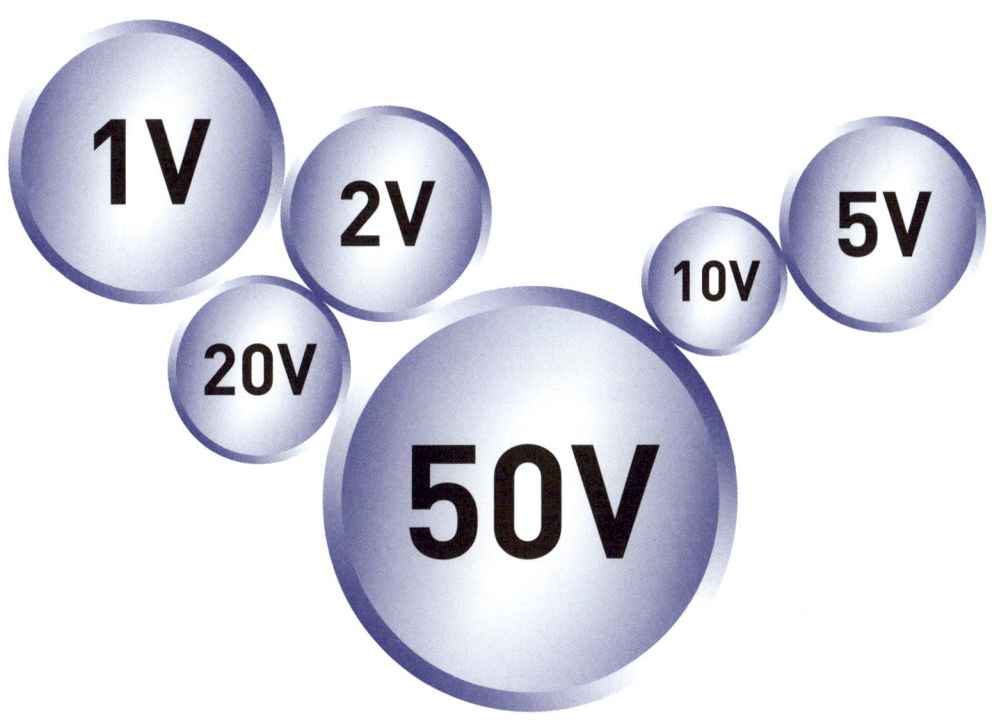

답 : 176쪽

★★☆
129

직선을 그어 곰의 몸을 나누려고 해요.
각 부분에는 1, 2, 3, 4, 5, 6이 모두 들어 있어야 해요.
직선을 가장 적게 쓰려면 어떻게 나누어야 할까요?
그리고 이때 쓴 직선은 몇 개일까요?

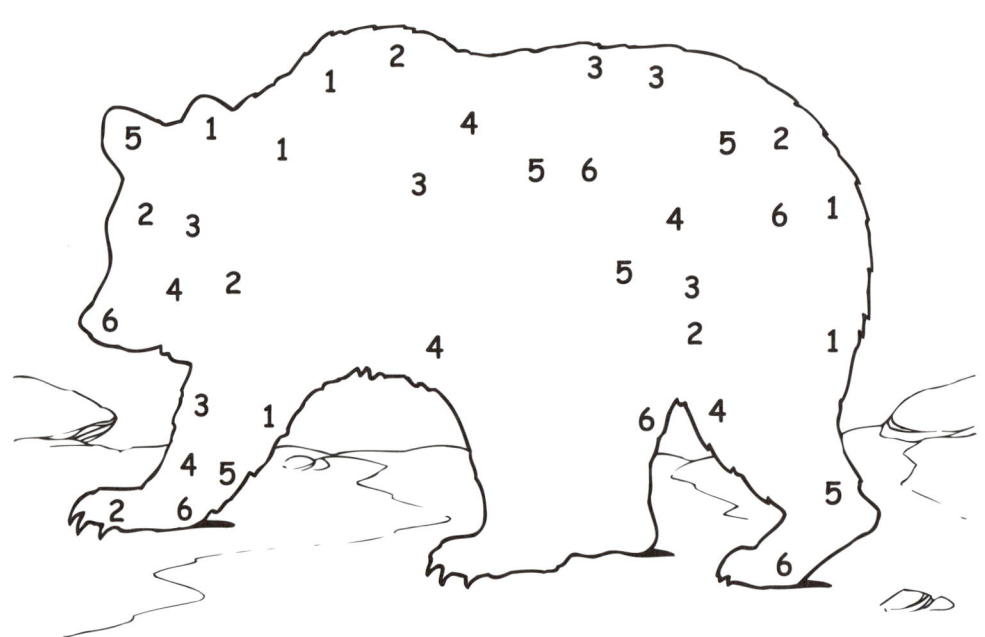

답 : 176쪽

★★★
130

한가운데에 있는 5부터 시작해서 숫자 네 개를 연결할 거예요.
위아래나 양옆에 맞닿은 숫자를 이을 수 있어요.
5에다 숫자 세 개를 더해서 16이 나와야 합니다.
16이 되는 길은 모두 몇 가지일까요?

답 : 176쪽

131

선을 그어 상자를 모양이 똑같게 여섯 조각으로 나누어 보세요.
단, 여섯 조각 안에 들어 있는 숫자들을 더한 값이 조각마다 똑같아야 해요.
상자를 어떻게 나누어야 할까요?

답 : 176쪽

★★☆
132

1번 저울과 2번 저울은 균형을 맞추고 있어요.
3번 저울이 균형을 맞추려면 C가 몇 개 있어야 할까요?

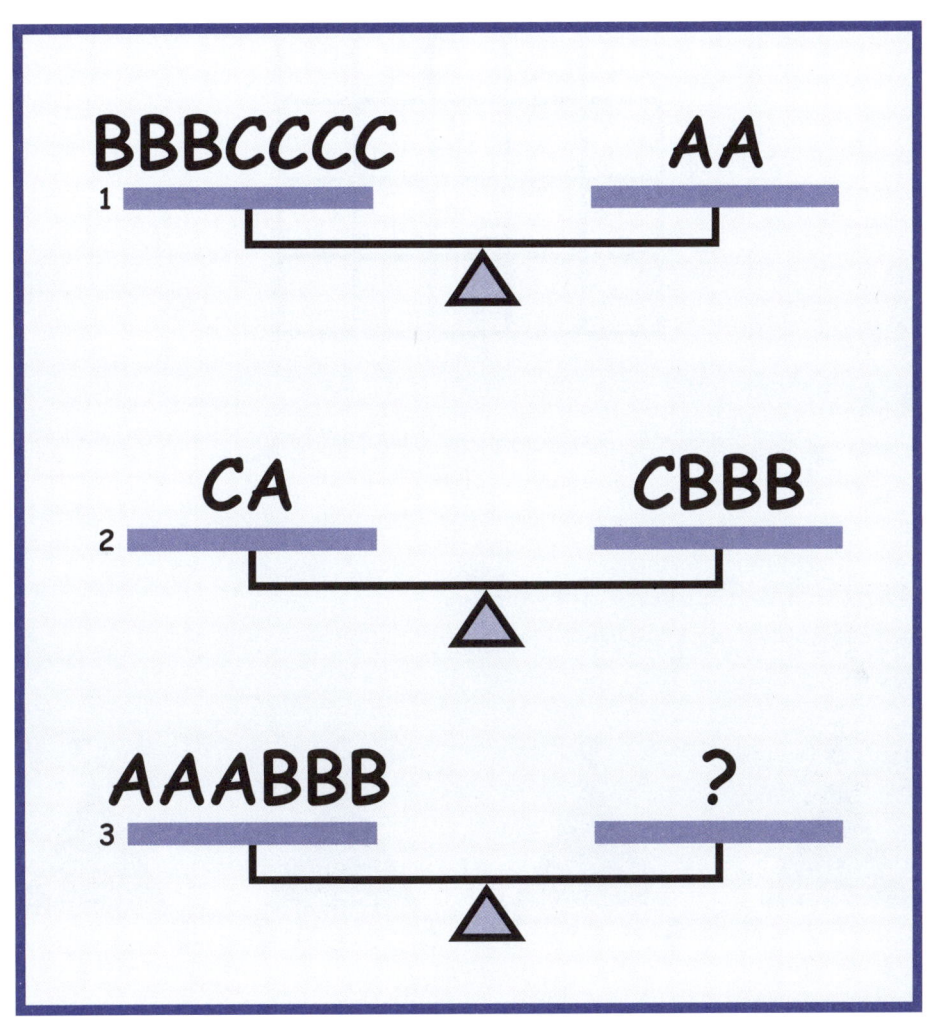

답 : 176쪽

133

이 그림에서 찾을 수 있는 정사각형은 모두 몇 개일까요?

134

숫자들이 규칙에 따라 나란히 적혀 있어요.
물음표에는 어떤 숫자가 들어가야 할까요?

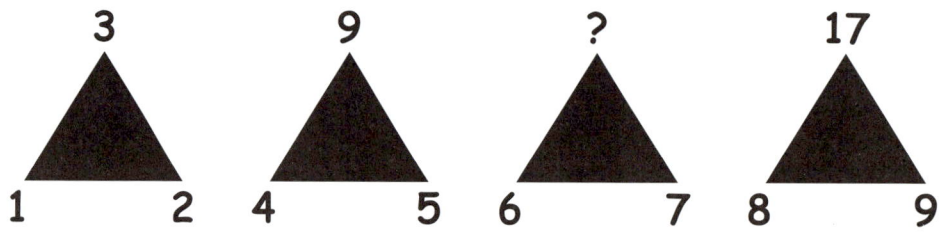

답 : 176쪽

135

전자계산기에 나타난 숫자를 17로 만들어 보세요. 버튼을 가장 적게 누르려면 어떤 버튼을 몇 번 눌러야 할까요?
계산 버튼(=)을 누르는 건 횟수에서 제외돼요.

136

가로, 세로, 대각선 줄마다 모두 더해 25가 되도록 빈칸을 채워 보세요.
들어갈 숫자는 두 개예요. 물음표에 들어갈 숫자는 무엇일까요?

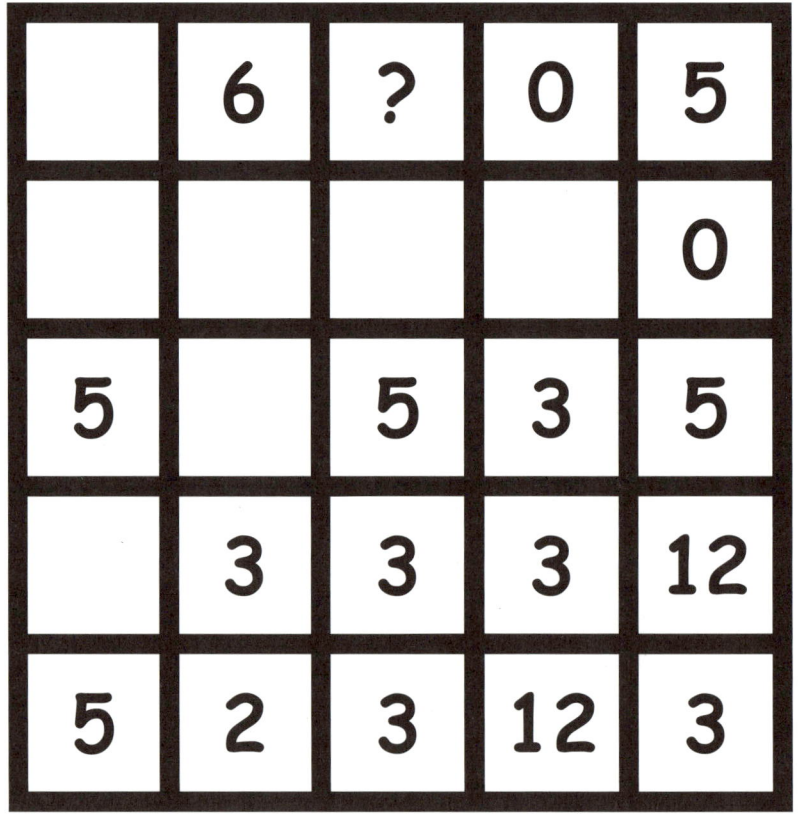

답 : 176쪽

137

아래 모양을 이리저리 움직여 맞춰 보면 숫자 두 개가 나올 거예요.
무엇일까요?

답 : 177쪽

★☆☆
138

그아앙~!
이 우주선을 쏘아 올리려면 숫자 하나를 구해야 해요.
이 숫자를 제곱한 값과 우주선에 새겨진 숫자를 모두 더한 값이 똑같아요.
어떤 숫자일까요?

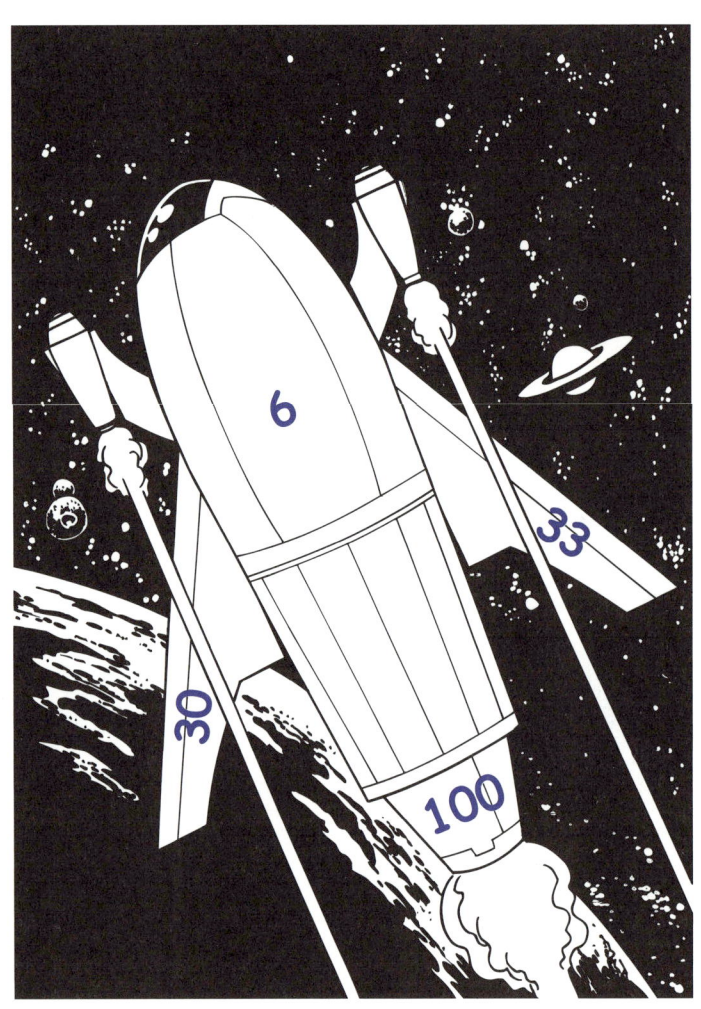

답 : 177쪽

★☆☆
139

눈 위로 아주 크고 날카로운 두 개의 뿔과 코 위쪽으로 굵고 짧은 한 개의 뿔을 가진 초식 공룡 트리케라톱스예요.
트리케라톱스의 뿔은 육식 공룡의 공격을 방어할 수 있는 훌륭한 무기입니다.
트리케라톱스의 몸에 숫자 2는 모두 몇 개 있을까요?

답 : 177쪽

140

정사각형 안에 적힌 숫자들에는
공통점이 있어요. 딱 한 숫자만 빼고요.
그 숫자는 무엇일까요?

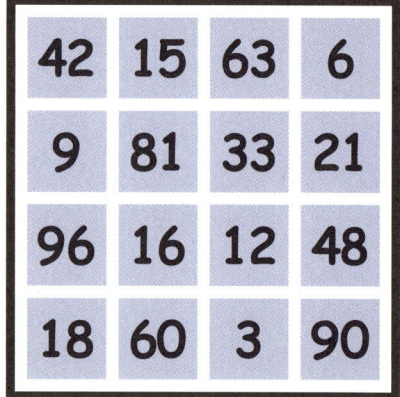

141

숫자들이 규칙에 따라 나란히 적혀 있어요.
물음표에는 어떤 숫자가 들어가야 할까요?

답 : 177쪽

★ ☆ ☆
142

가장 작은 숫자부터 가장 큰 숫자까지, 5로 나뉘는 숫자가 적힌 점만 죽 이어 봐요.
무엇이 그려지나요?

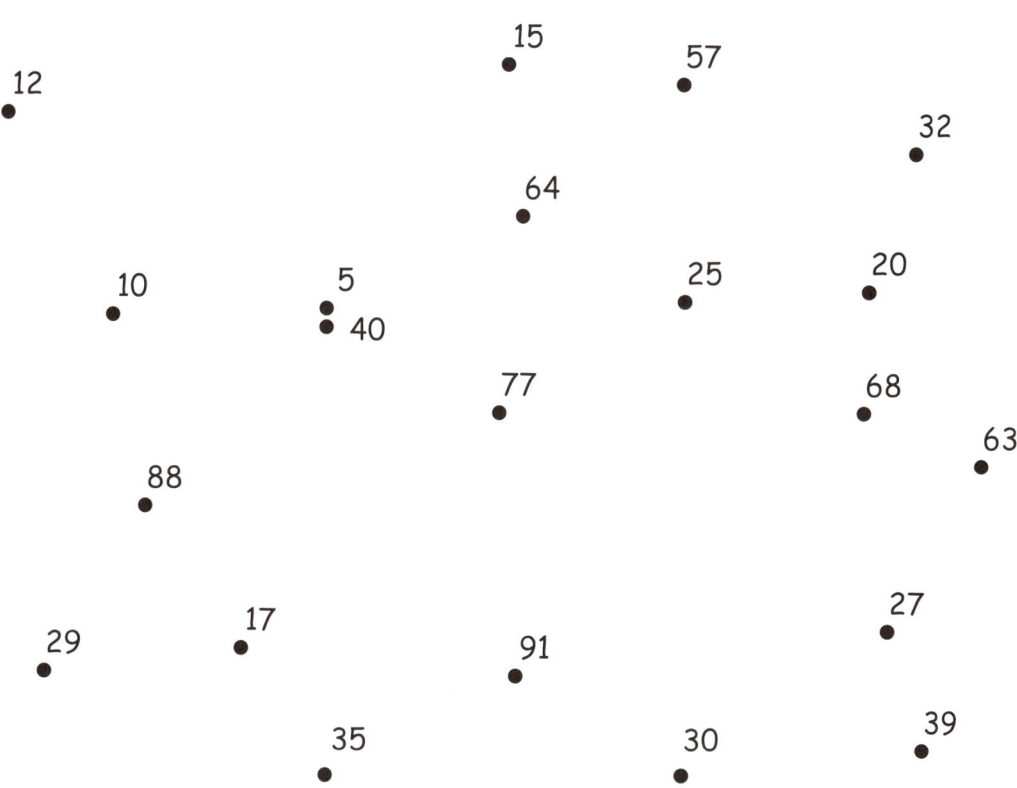

답 : 177쪽

★★★
143

상자 A~F 중에서 하나만 다른 상자예요.
어떤 상자가 다른 상자일까 골라 보세요.

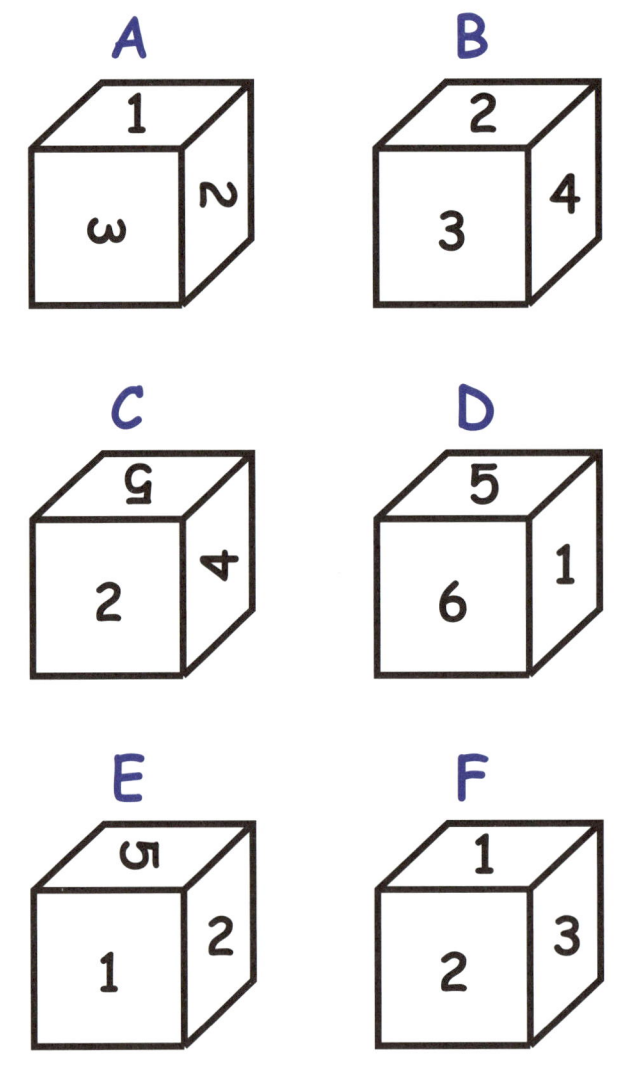

답 : 177쪽

★☆☆
144

왼쪽 맨 아래 5부터 출발해서 오른쪽 맨 위 3까지 갈 거예요.
단 위로 올라가거나 오른쪽으로 이동하되, 출발점과 도착점을 포함해서 꼭 연속된 아홉 개의 동그라미를 따라 가야 해요.
아홉 개의 동그라미 속 숫자를 더한 값 가운데 가장 큰 값은 얼마일까요?

답 : 177쪽

★★☆
145

네 모퉁이 중 한곳에서 출발해 선을 따라 이동해요.
출발한 숫자를 포함해서 숫자 다섯 개를 모두 더했을 때 나올 수 있는 가장 작은 값은 얼마일까요?

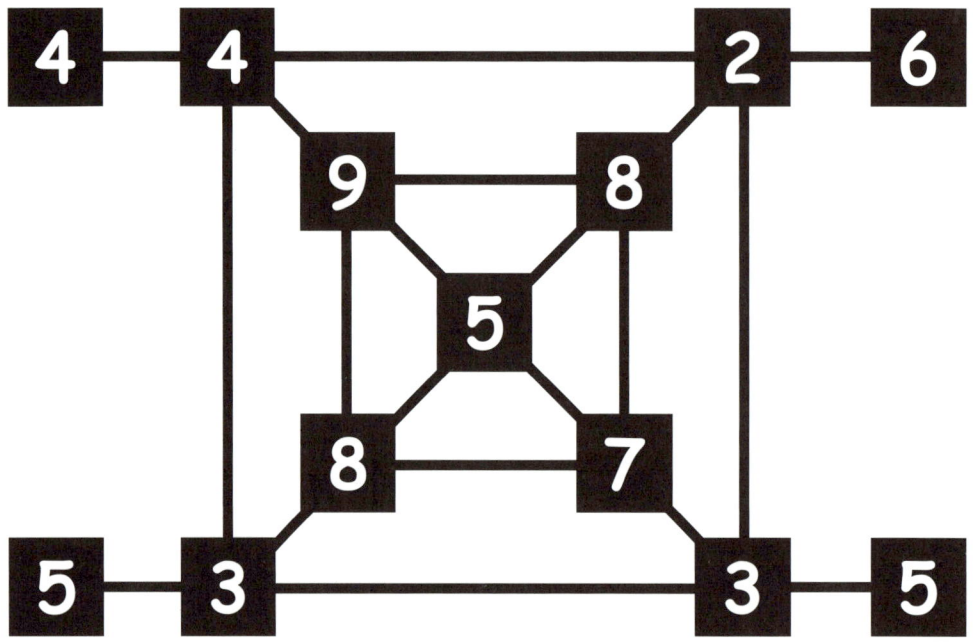

답 : 177쪽

146

가운데 물음표에 1보다 큰 숫자를 적어 보세요.
맞는 숫자라면 양옆의 숫자를 그 수로 나누었을 때 나머지 없이 똑 떨어져요.
어떤 숫자를 넣어야 할까요?

답 : 177쪽

147

원에 적힌 숫자들 사이에는 규칙이 있어요.
물음표에는 어떤 숫자가 들어가야 할까요?

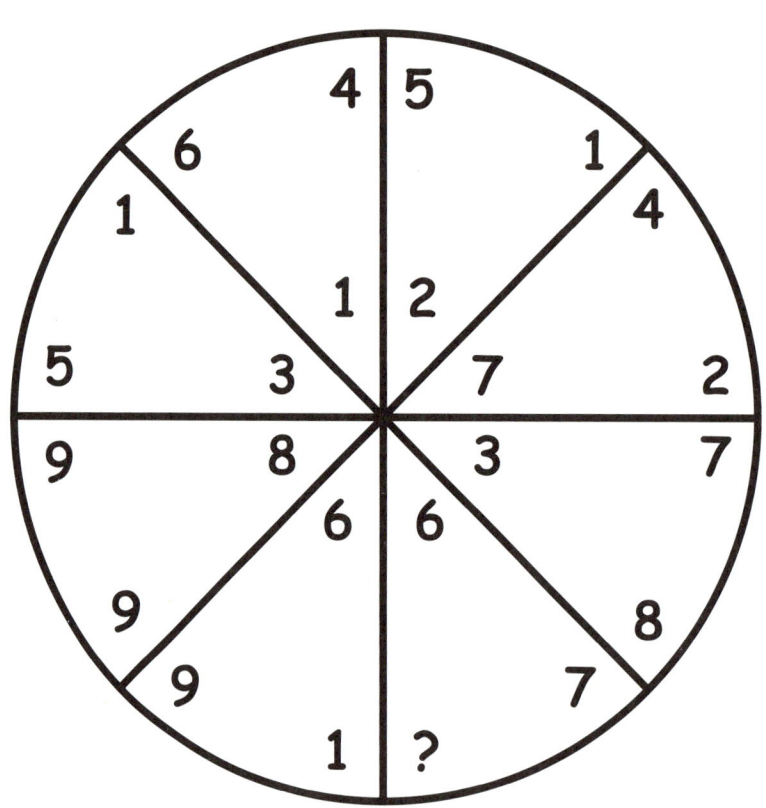

답 : 177쪽

★★★

148

별난 금고예요. 금고를 열려면 정해진 순서에 따라 모든 버튼을 딱 한 번씩 누르고, 마지막으로 '열림' 버튼을 눌러야 해요.
버튼에 적힌 숫자와 알파벳은 어느 방향으로 몇 칸을 움직여야 하는지 알려 줘요.
예를 들면 1i는 '한 칸 안쪽으로', 1O는 '한 칸 바깥쪽으로' 움직이라는 뜻이고요.
1C는 '한 칸 시계 방향으로', 1A는 '한 칸 시계 반대 방향으로' 움직이라는 뜻이죠.
자, 어떤 버튼을 맨 먼저 눌러야 할까요?
힌트를 줄게요. 맨 바깥쪽을 살펴보세요.

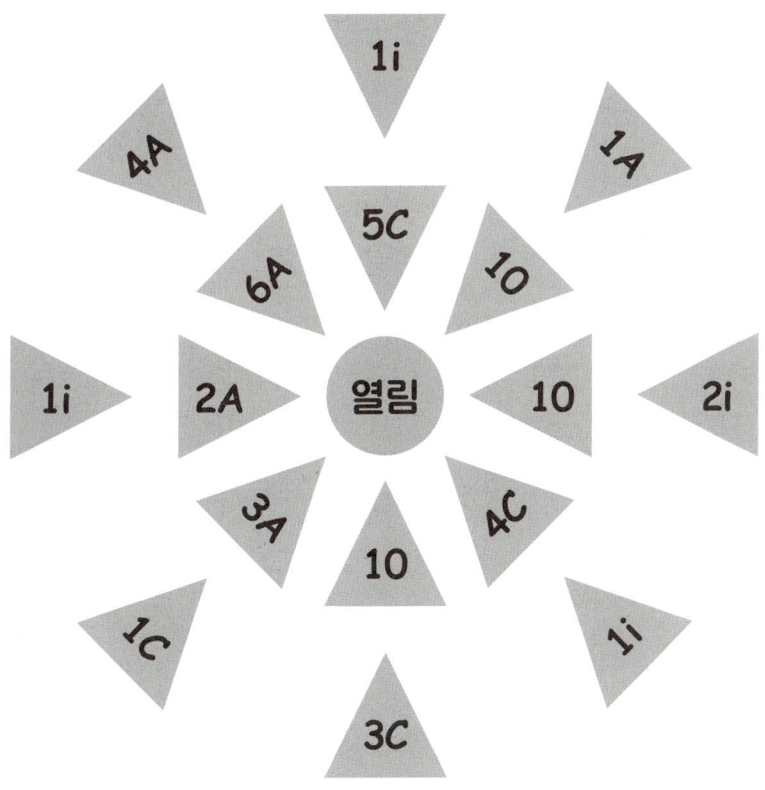

답 : 177쪽

★★☆
149

케이크를 아래 그림처럼 8등분했어요. 케이크 조각마다 초콜릿 위에 장식된 숫자와 생크림 위에 장식된 숫자를 더한 값이 모두 같아요.

또 바깥 둘레의 초콜릿 위에 장식된 숫자를 더한 값과 생크림 위에 장식된 숫자를 더한 값, 가장 안쪽 초콜릿 위에 장식된 숫자를 더한 값은 서로 같아요.

장식이 빠진 케이크 조각에는 숫자 두 개를 여러 번 사용할 수 있습니다.

이 숫자들은 무엇일까요?

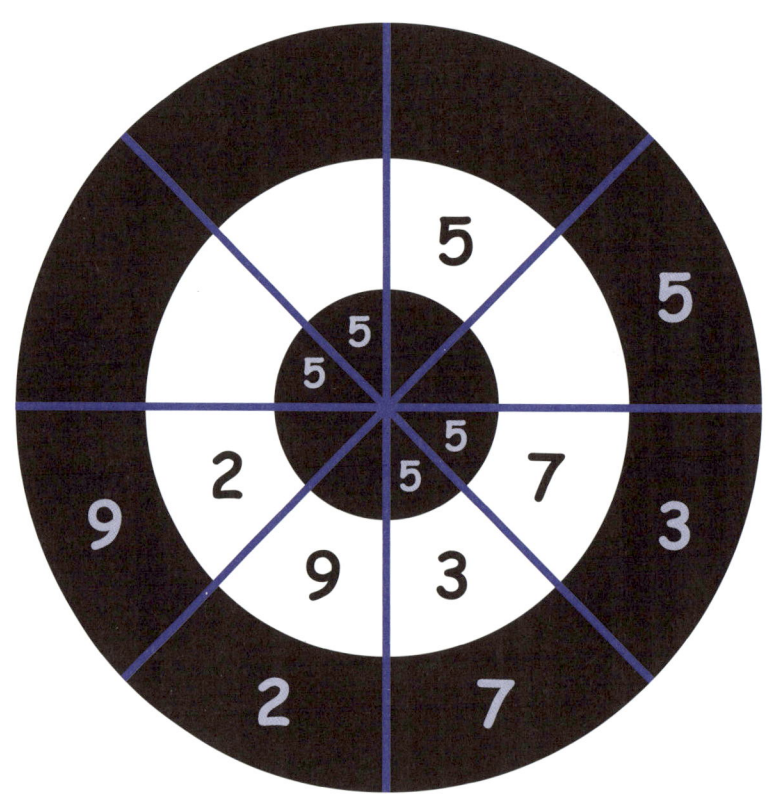

답 : 177쪽

150

생일 케이크에 크게 주인공의 나이를 장식했어요.
그런데 여러 조각으로 잘랐더니 잘 모르겠네요.
케이크 조각을 이리저리 움직여 맞춰 보면 나이가 나올 거예요.
생일을 맞은 여자 아이는 몇 살이었을까요?

답 : 178쪽

151

사각형과 숫자 사이에는 규칙이 있어요.
물음표에는 어떤 숫자가 들어가야 할까요?

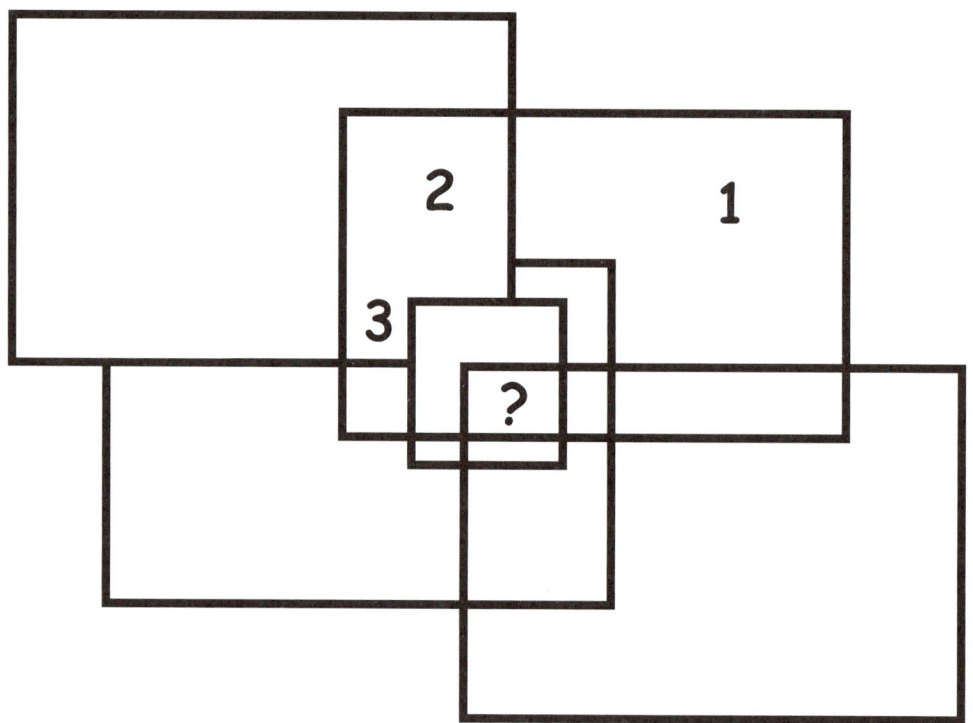

답 : 178쪽

★☆☆
152

A부터 오리 몸 위에 적힌 숫자들을 지나 B까지 갈 거예요.
A부터 B까지 가면서 각 부분의 숫자를 모두 더했을 때 나올 수 있는 가장 작은 숫자는 무엇일까요?

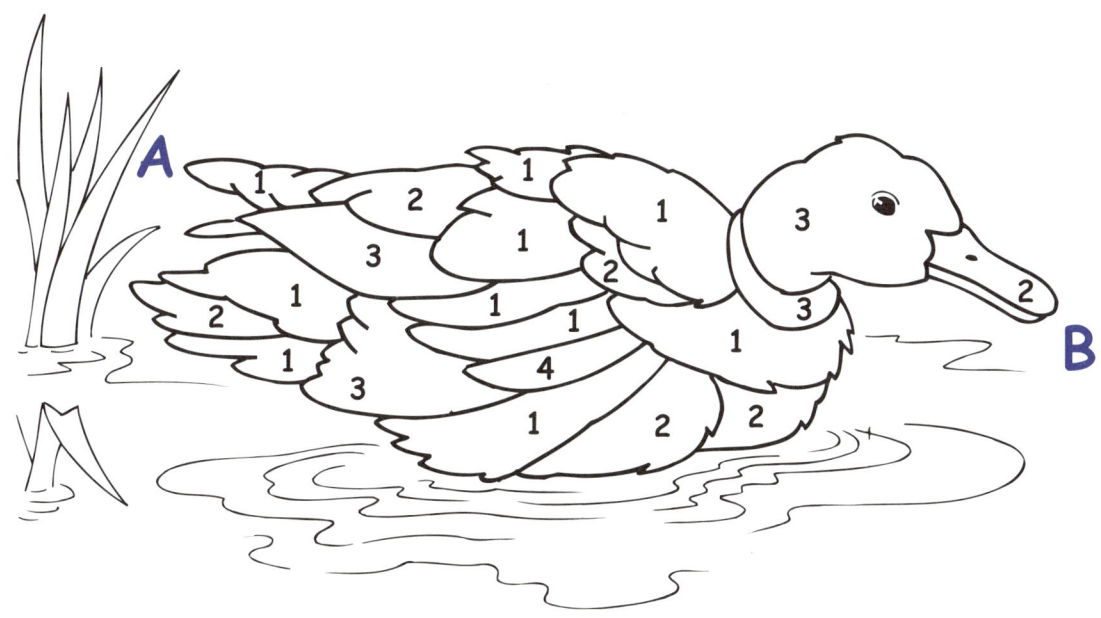

답 : 178쪽

★★★
153

왼쪽 맨 아래 6부터 출발해서 화살표를 따라 오른쪽 맨 위 7까지 갈 거예요.
처음 6과 마지막 7을 포함해 지나온 숫자 다섯 개를 더해요.
단, 검은색 원을 지날 때마다 5를 빼요.
값이 10이 되는 길은 모두 몇 가지일까요?

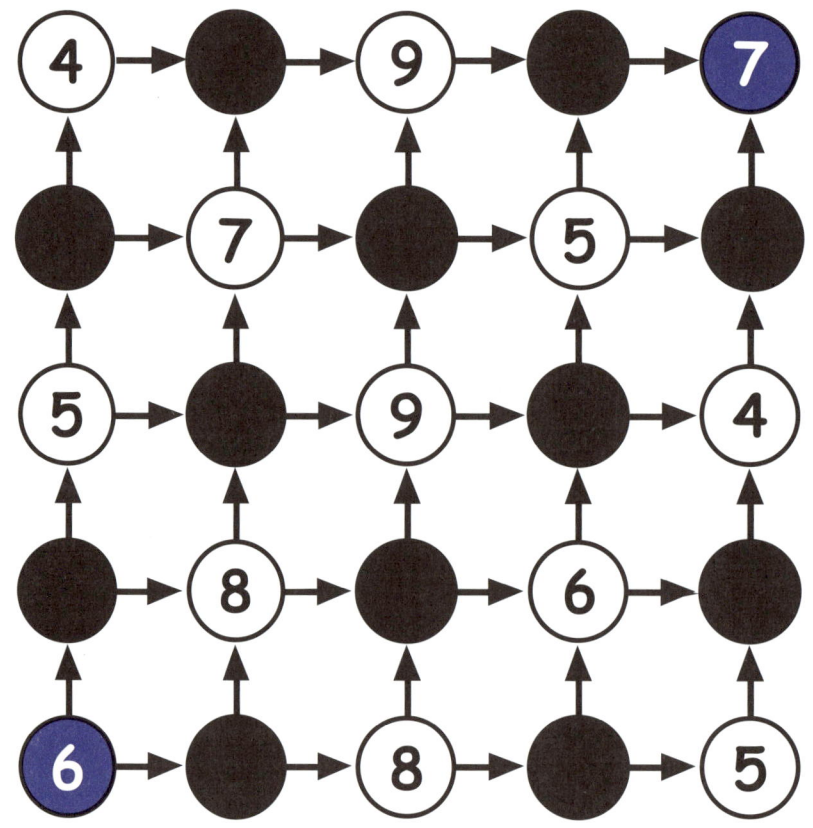

답 : 178쪽

세로줄 A, B, C와 세로줄 D 숫자들 사이에는 규칙이 있어요.
물음표에는 어떤 숫자가 들어가야 할까요?

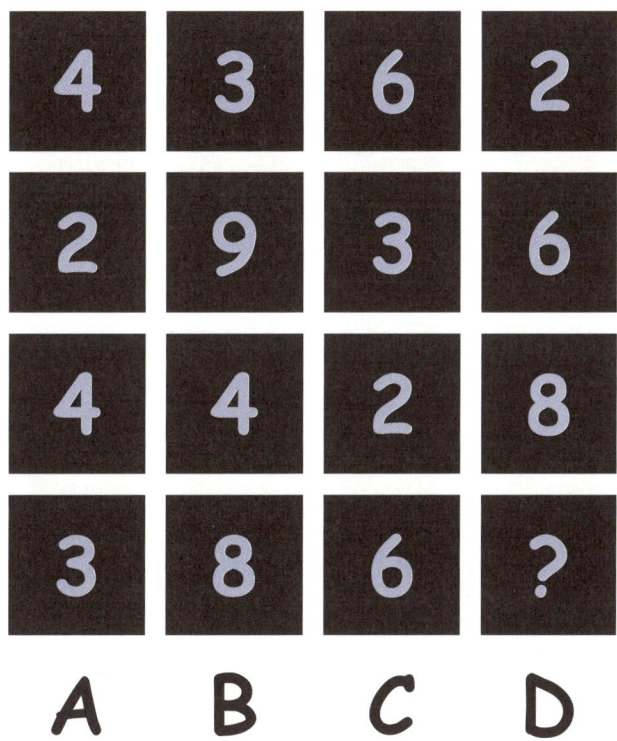

답 : 178쪽

★★★
155

아래 표의 기호들은 각각 어떤 숫자를 뜻해요.
가로줄과 세로줄마다 각 기호를 더한 값이 한쪽에 적혀 있어요.
물음표에는 어떤 숫자가 들어가야 할까요?

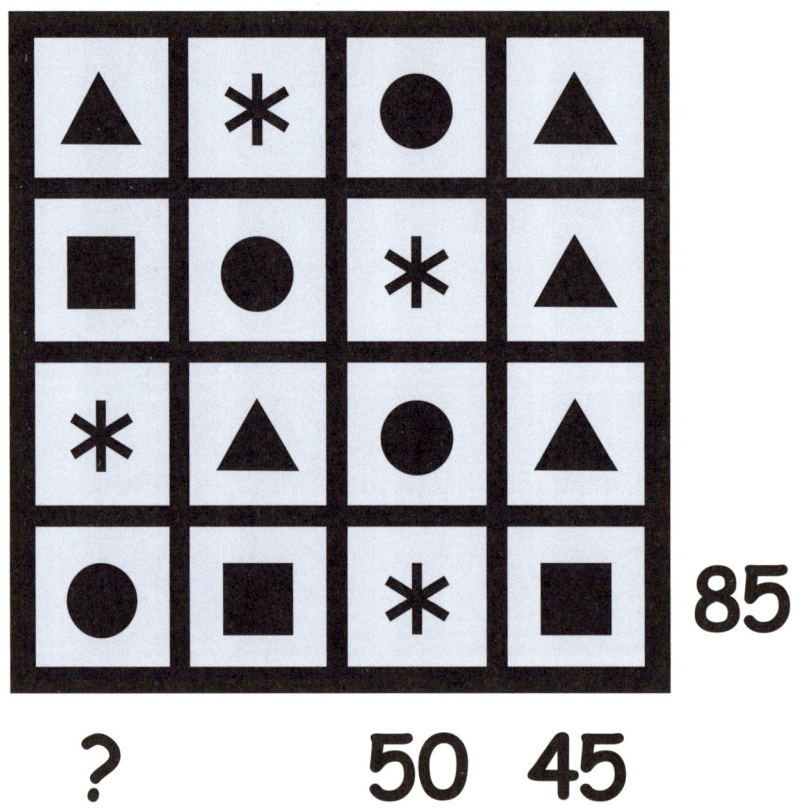

답 : 178쪽

156

베녹스 별나라에서는 1V, 2V, 5V, 10V, 20V, 50V짜리 동전을 써요.
이 나라에 사는 모아모아는 은행에 3,071V를 저금하려고,
동전 다섯 종류를 같은 개수만큼 가져왔어요.
모아모아는 어떤 동전을 몇 개씩 가져왔을까요?

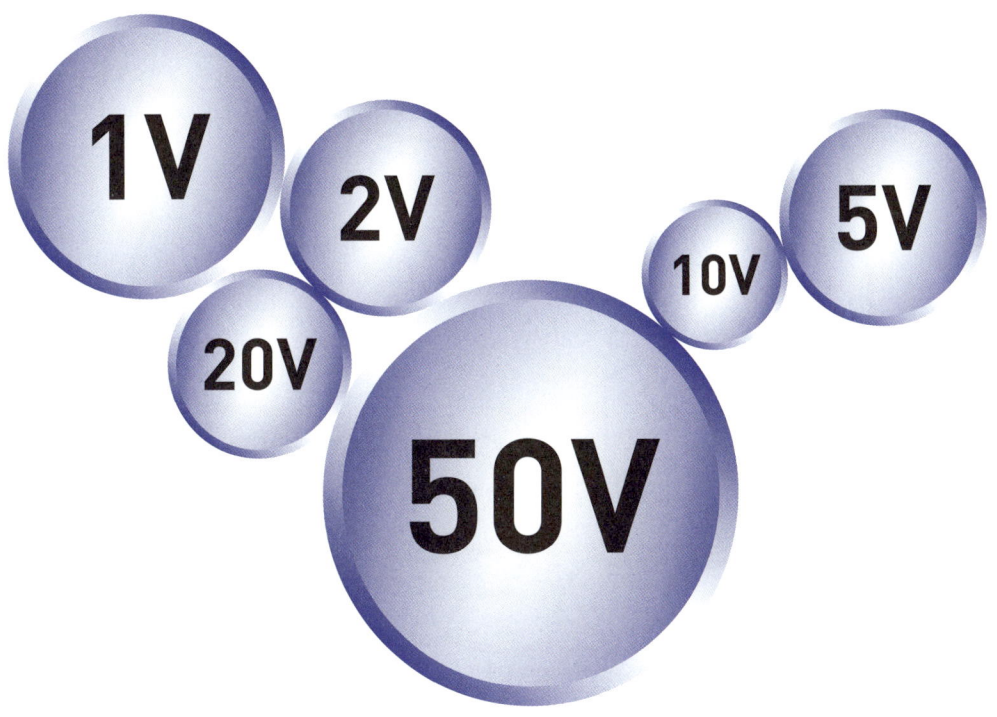

답 : 178쪽

157

직선을 그어 고양이의 몸을 나누려고 해요.
각 부분의 숫자를 모두 더해 17이 되도록 하려고 해요.
직선을 가장 적게 쓰려면 어떻게 나누어야 할까요?
그리고 이때 쓴 직선은 모두 몇 개일까요?

답 : 178쪽

★★☆
158

물음표에 더하기, 빼기, 곱하기, 나누기 부호를 집어넣어 보세요.
같은 부호를 세 번 써도 돼요.
맞는 부호라면 계산한 값이 32가 될 거예요.
어떤 부호가 들어가야 할까요?

★★☆
159

정사각형의 숫자 가운데 두 개가 규칙을
어기고 있어요.
어떤 것일까요?

답 : 178쪽

160

화살표를 따라가며 가장 긴 길을 찾아보세요.
출발은 어디서든 할 수 있어요.
가장 긴 길은 출발점과 도착점을 포함해서 모두 몇 개의 칸을 지나갈까요?

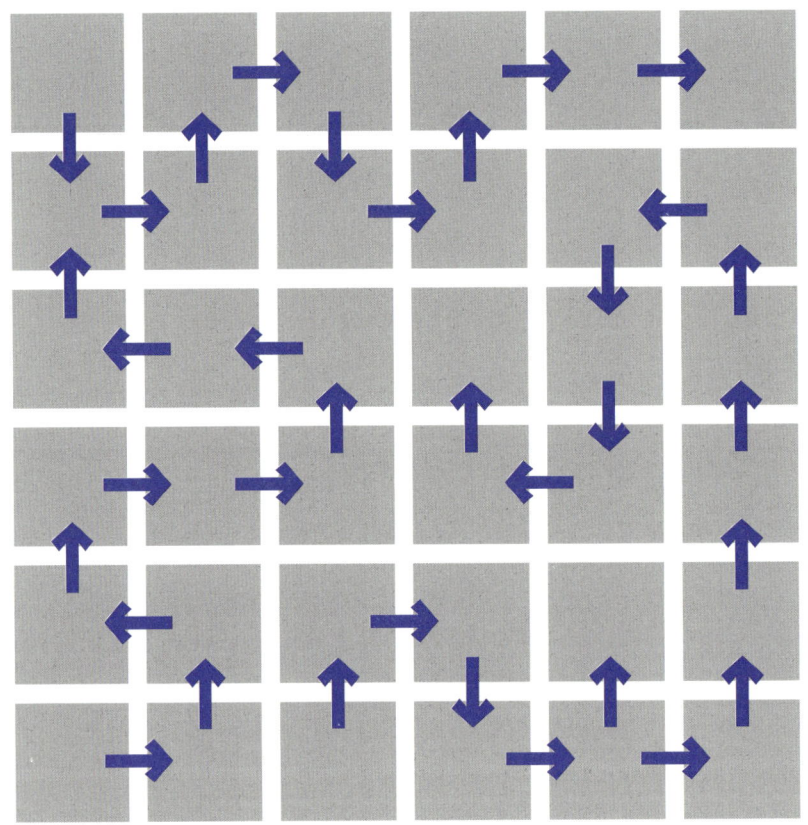

답 : 178쪽

★★★
161

한가운데에 있는 9부터 시작해서 숫자 네 개를 연결할 거예요.
위아래나 양옆에 맞닿은 숫자를 이을 수 있어요.
9에다 숫자 세 개를 더해서 17이 나와야 합니다.
17이 되는 길은 모두 몇 가지일까요?

답 : 178쪽

162

선을 그어 상자를 모양이 똑같게 네 조각으로 나누어 보세요.
단, 네 조각 안에 들어 있는 숫자들을 더한 값이 조각마다 똑같아야 해요.
상자를 어떻게 나누어야 할까요?

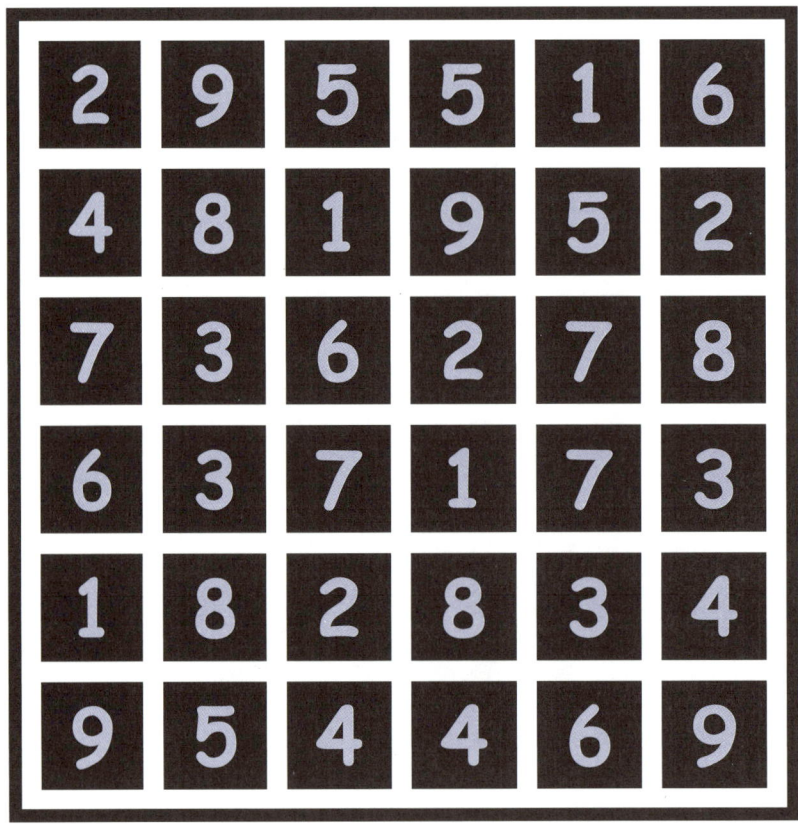

답 : 178쪽

163

칸마다 숫자들이 적혀 있어요.
각 칸에 적힌 숫자가 서로 같은 칸 4개는 무엇일까요?

	A	B	C	D	E
1	3 4 / 6 9	1 / 8 / 3 8	2 / 6 / 4 8	1 / 2 3 / 4	1 6 / 3 9
2	5 / 1 3 / 5	9 / 1 2 / 8	2 / 3 3 / 2	1 / 3 9 / 7	5 / 6 / 5 5
3	1 / 3 / 9 6	1 / 4 7 / 8	4 / 4 3 / 3	6 / 3 9 / 1	1 5 / 9 8
4	7 7 / 6 6	6 7 / 8 / 9	9 / 9 8 / 2	9 9 / 9 / 1	9 6 / 4 8
5	4 / 6 / 3 7	8 / 2 / 3 4	3 1 / 6 9	4 / 4 6 / 9	8 / 8 8 / 8

답 : 178쪽

164

다트 판에 다트 화살을 네 개만 던져서 25점을 획득할 생각입니다.
다트 화살 하나는 언제나 다트 판 숫자 하나만을 맞혀요.
다트 네 개를 던져 25점을 얻는 방법은 몇 가지일까요? 단, 25점을 만드는 숫자 조합에서 숫자의 순서만 바꾼 건은 제외합니다.

답 : 178쪽

165

가로, 세로, 대각선 줄마다 모두 더해 30이 되도록 빈칸을 채워 보세요.
들어갈 숫자는 두 개이고, 한 숫자는 다른 숫자의 두 배예요.
물음표에 들어갈 숫자는 무엇일까요?

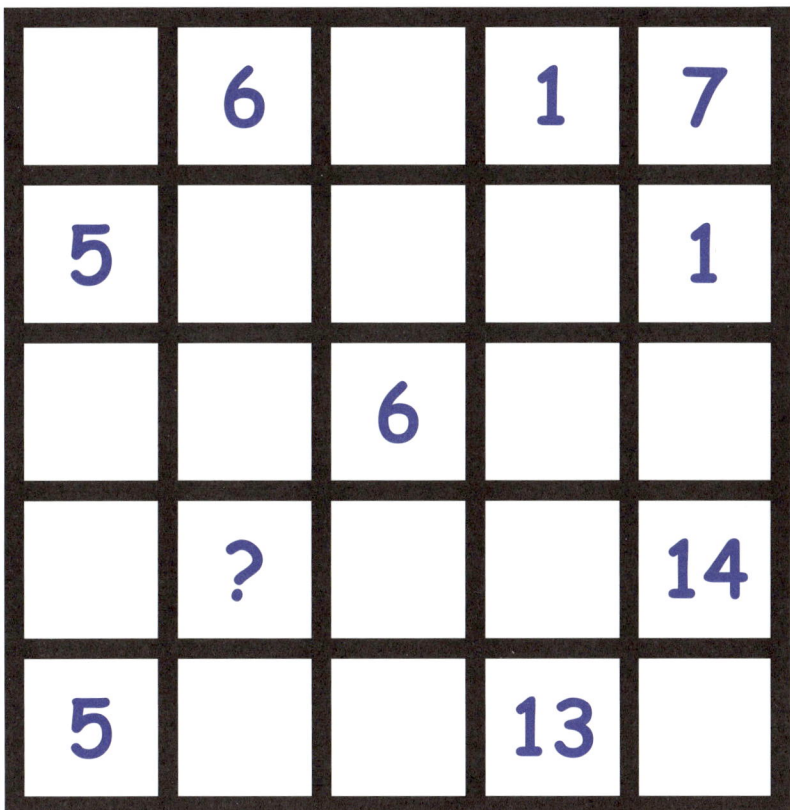

166

아래 모양을 이리저리 움직여 맞춰 보면 두 자리 숫자 하나가 나올 거예요. 무엇일까요?

답 : 179쪽

★☆☆
167

그아앙~!
이 우주선을 쏘아 올리려면 숫자 하나를 구해야 해요.
이 숫자를 제곱한 값과 우주선에 새겨진 숫자를 모두 더한 값이 똑같아요.
어떤 숫자일까요?

답 : 179쪽

★ ☆ ☆
168

늪지의 식물이나 솔잎을 통째로 삼켰던 초식 공룡 브론토사우루스예요.
브론토사우루스의 몸에는 숫자 8이 모두 몇 개 있을까요?

답 : 179쪽

169

★★☆

첫 번째 그림에서 아래 그림 빈칸에 들어갈 숫자 여섯 개를 찾아야 해요.
빈칸의 위아래에는 빈칸에 들어갈 수 있는 숫자 두 개의 위치가 적혀 있고, 그중에서 하나를 선택해서 빈칸에 넣어야 합니다.
단, 선택한 숫자 여섯 개는 어떤 규칙을 따라야 해요.
빈칸에 들어갈 숫자 여섯 개는 무엇일까요?

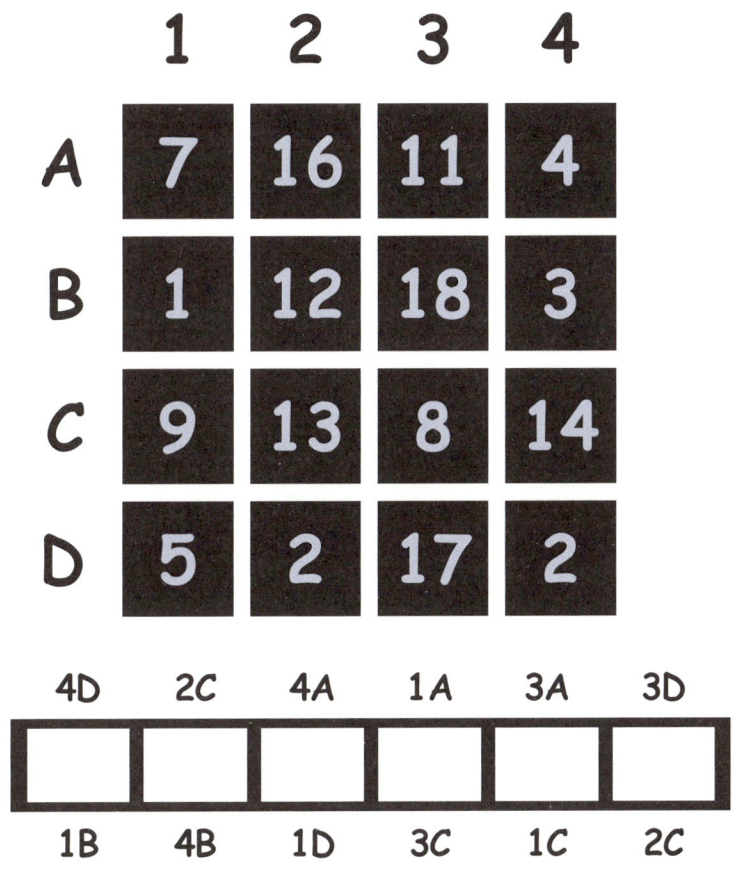

답 : 179쪽

★☆☆
170

가장 작은 숫자부터 가장 큰 숫자까지, 4로 나뉘는 숫자가 적힌 점만 죽 이어 봐요.
무엇이 그려지나요?

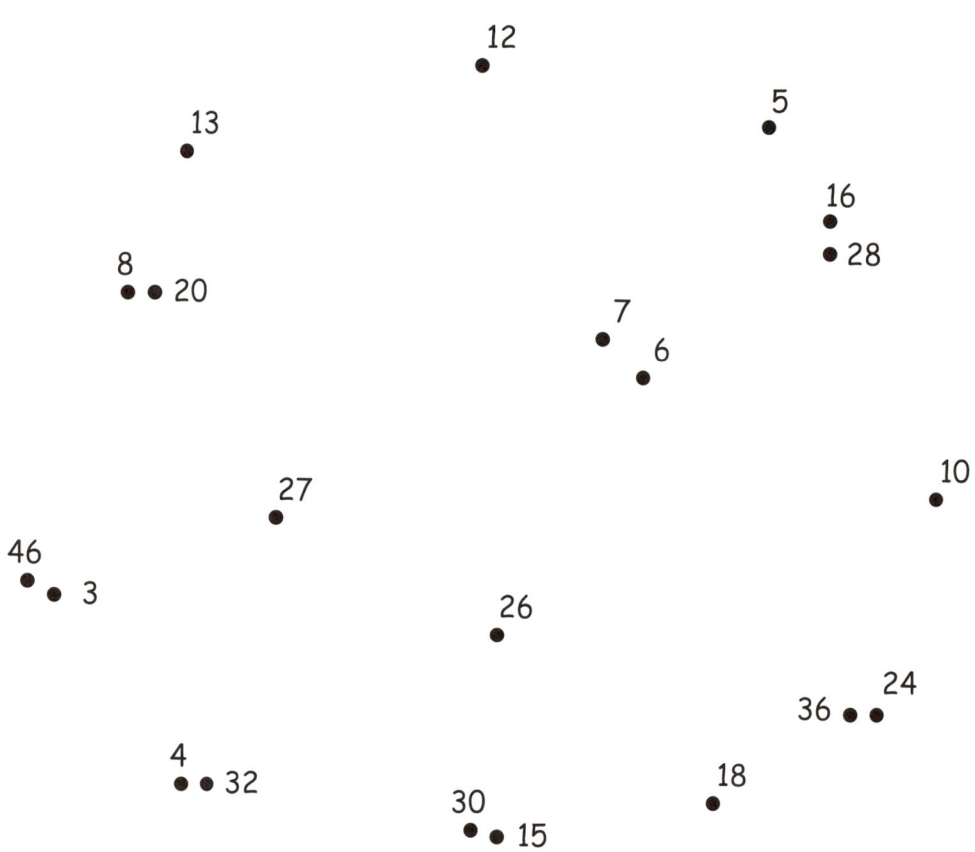

답 : 179쪽

★☆☆
171

숫자들이 규칙에 따라 나란히 적혀 있어요.
물음표에는 어떤 숫자가 들어가야 할까요?

★★☆
172

숫자들이 규칙에 따라 나란히 적혀 있어요.
물음표에는 어떤 숫자가 들어가야 할까요?

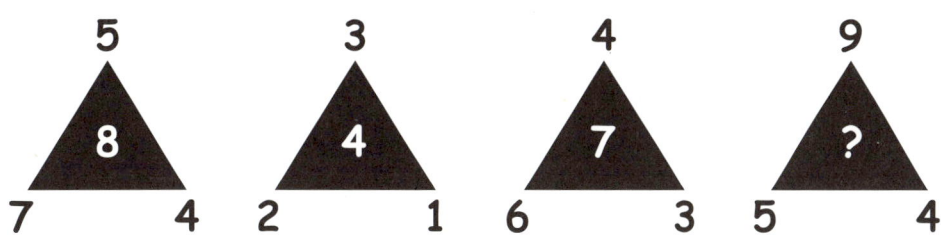

답 : 179쪽

173

상자 A~F 중에서 하나만 다른 상자예요.
어떤 상자가 다른 상자일까 골라 보세요.

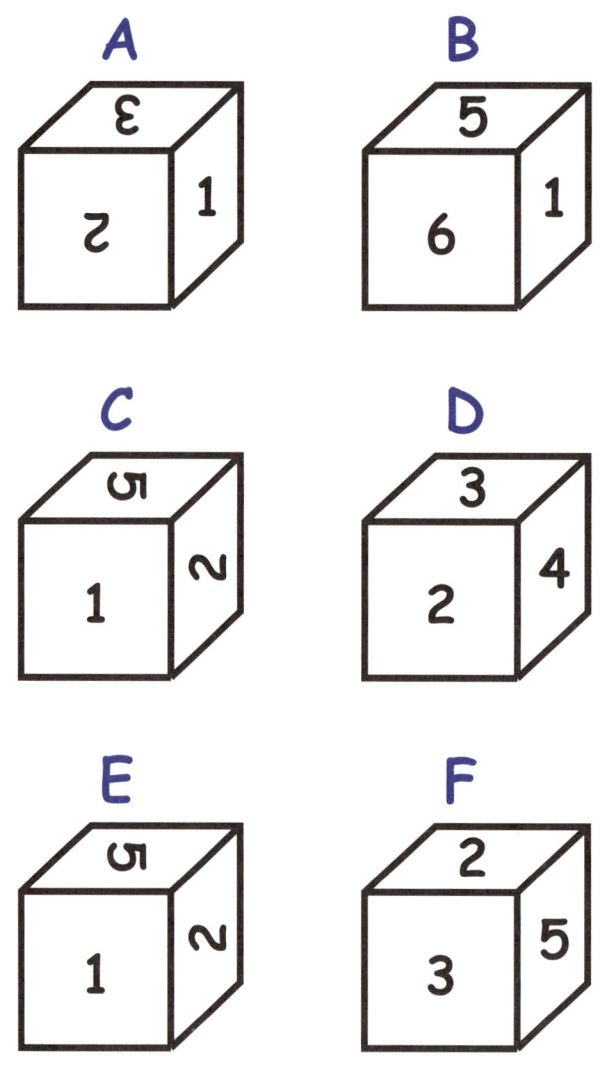

답 : 179쪽

그림의 숫자 사이에는 규칙이 있어요.
물음표에는 어떤 숫자가 들어가야 할까요?

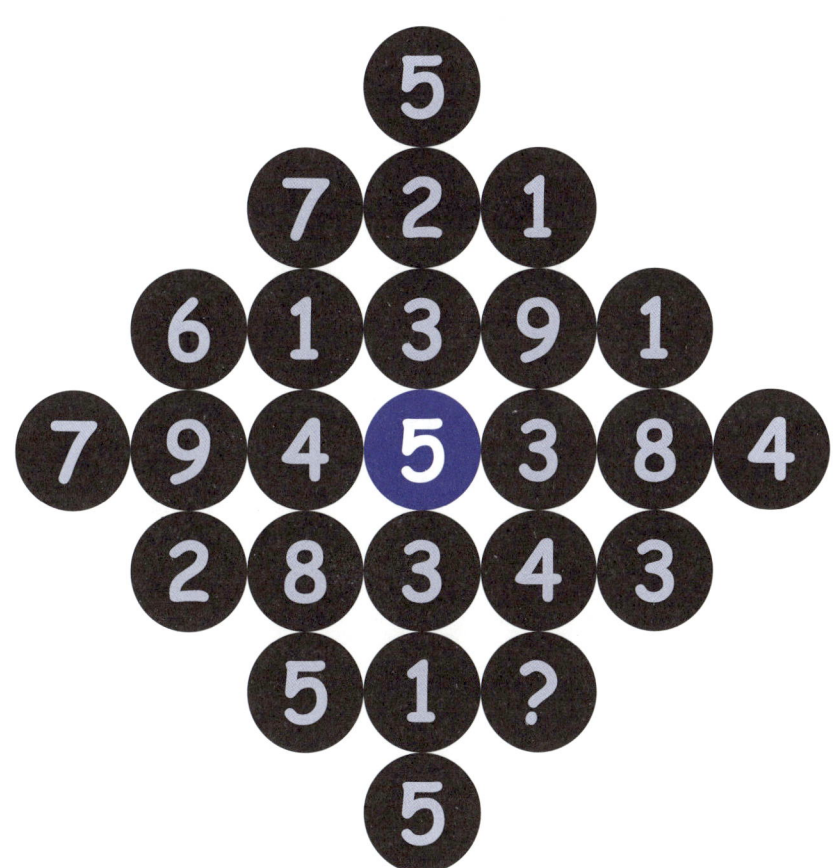

답 : 179쪽

175

표에서 가로줄마다 가운데 숫자와 왼쪽, 오른쪽 숫자 사이에는 규칙이 있어요. 물음표에 들어갈 숫자는 무엇일까요?

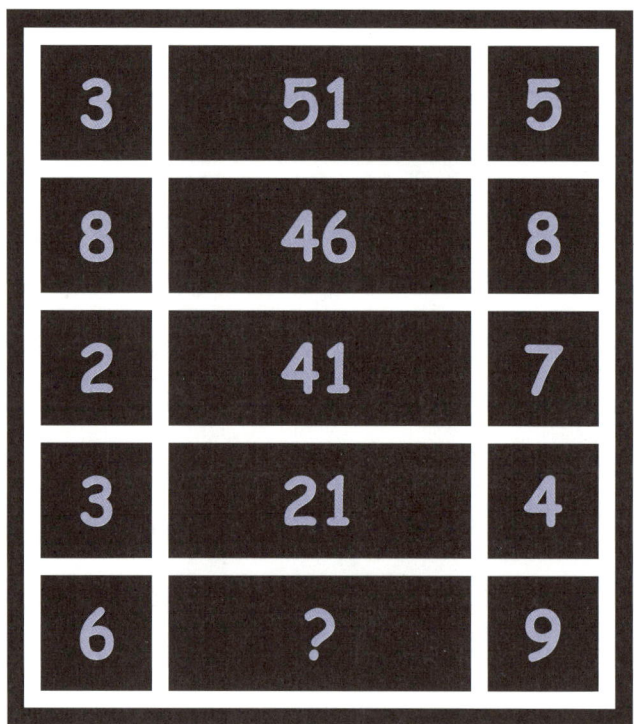

답 : 179쪽

멘사 수학 퍼즐

Mensa KiDS

해 답

001 9가지

(0, 1, 7) (0, 2, 6) (0, 3, 5) (0, 4, 4)
(1, 1, 6) (1, 2, 5) (1, 3, 4) (2, 2, 4)
(2, 3, 3)

002 망치

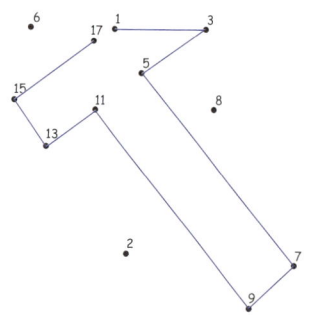

003 3

각 부분에 숫자 1, 2, 3이 들어 있습니다.

004 2D

맨 윗줄 왼쪽에서 세 번째 칸에 있는 2D

005 3

006 3

007 1

그림은 좌우가 대칭입니다.

008 ×, − (또는 ÷, −)

009 19

010 11

011 6

각 줄에서 A, B, C의 숫자를 모두 더하면 D의 값이 나옵니다.

012 2V, 5V, 10V 동전 각 5개씩

013 2개

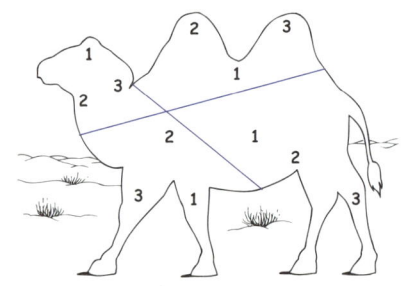

014 5

015 18개

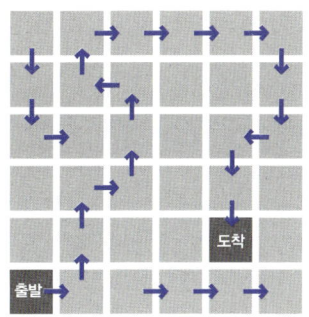

016 3

017 14개
사각형 크기를 '가로 칸 수×세로 칸 수'로 나타내면 1×1: 9개, 2×2: 4개, 3×3: 1개

018 4가지

019 6개

020

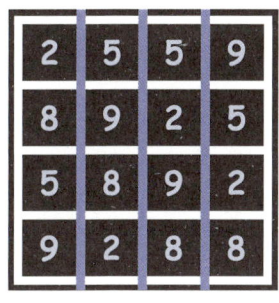

021 ×, 2

022 1

023 4

024 8

025 3
'1, 2, 3'이 반복됩니다.

026 C

027 10

028 1, 2, 3, 4, 5, 6
숫자가 1씩 커집니다.

029 8
왼쪽과 오른쪽 숫자는 각각 가운데 두 자리 숫자의 십의 자리와 일의 자리를 이룹니다.

030 14
2-5-2-3-2 또는 2-5-2-2-3을 더하면 14가 나옵니다.

031 19

032 15

2-1-2-2-2-2-1-2-1을 더합니다.

033 **19**
왼쪽과 오른쪽 숫자는 각각 가운데 두 자리 숫자의 일의 자리와 십의 자리를 이룹니다.

034 **23**
원에는 숫자 1부터 24까지 순서대로 들어 있습니다.

035 **일곱 살**

036 **초콜릿 위에는 2, 생크림 위에는 4**

037 **1R**

038 **11**

039 **9**
각 줄에서 A, B, C의 숫자를 모두 더하면 D의 값이 나옵니다.

040 **9**
✱=4, ●=1, ▲=2

041 **2V, 5V, 10V 동전 각 22개씩**

042 **3개**

043 **28**
매번 4씩 커집니다.

044 **9**

045 **7**

046 **30개**
사각형 크기를 '가로 칸 수×세로 칸 수'로 나타내면 1×1: 16개, 2×2: 9개, 3×3: 4개, 4×4: 1개

047 **2개**

048

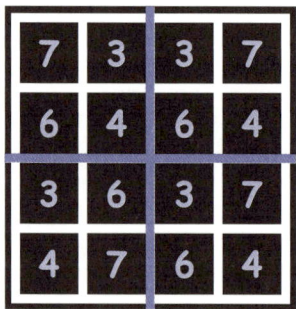

049 1B, 4D

050 2

051 열 살

052 F

053 2

054 26개

055 텐트

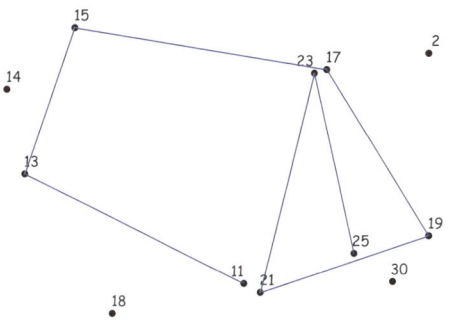

056 8가지
(5, 4, 1) (5, 5, 0) (0, 4, 6) (0, 8, 2)
(4, 4, 2) (6, 2, 2) (7, 2, 1) (8, 1, 1)

057 11
왼쪽과 오른쪽 숫자를 더하면 가운데 숫자가 나옵니다.

058 23

059 5

060 2
원의 조각마다 적힌 세 숫자의 합은 12입니다.

061 5

062 위쪽 초콜릿 부분은 8, 아래쪽 초콜릿 부분은 3, 생크림 부분은 5

063 2S
위에서 네 번째 가로줄 왼쪽에서 네 번째 칸에 있는 2S입니다.

064 4
가로줄의 숫자를 모두 더한 값은 아래로 내려갈수록 1씩 커져요.

065   3

각 숫자는 정사각형이 겹친 곳에 겹친 횟수만큼 적혀 있어요.

066   10

067   20

4, 6, 5, 6, 3을 더하고, 1을 네 번 뺍니다.

068   22

✳=10, ▲=8, ●=3, ■=1

069   1V, 2V, 5V, 10V 동전 각 17개씩

070   3개

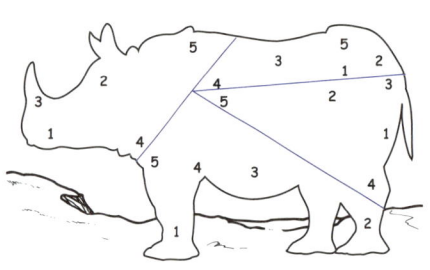

071   6가지

072   6개

073   36개

사각형 크기를 '가로 칸 수×세로 칸 수'로 나타내면 1×1: 9개, 2×2: 4개, 3×3: 1개, 1×2: 6개, 2×1: 6개, 1×3: 3개, 3×1: 3개, 2×3: 2개, 3×2: 2개

074   ÷, +, +

075   12

076   0과 6

각 줄마다 합이 15가 되도록 빈칸에 6이나 0을 넣습니다.

077   2

078   6

삼각형들의 왼쪽 아래 꼭짓점에 적힌 수(1, 2, 3, 4)와 오른쪽 아래 꼭짓점에 적힌 수(5, 6, 7, 8), 맨 위 꼭짓점에 적힌 수가 순서대로 이어집니다.

079   16

숫자가 3씩 커집니다.

080   30개

081   1, 3, 5, 7, 9, 11

숫자가 2씩 커집니다.

082 별

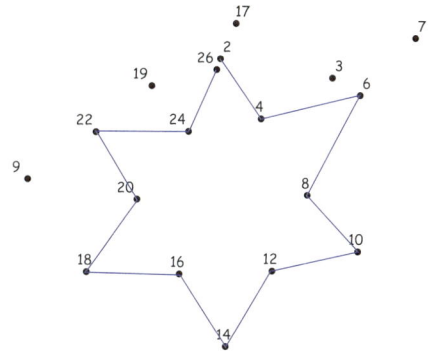

083 8가지

(0, 5, 8) (5, 6, 2) (1, 6, 6) (5, 5, 3)
(3, 4, 6) (4, 1, 8) (5, 4, 4) (2, 3, 8)

084 6

왼쪽 숫자에서 오른쪽 숫자를 빼면 가운데 숫자가 됩니다.

085 41

2-5-6-6-6-6-5-2-3을 더해요.

086 23

087 1

오른쪽 맨 위 칸부터 시계 방향으로 한 칸씩 이동할 때마다 각 칸마다 적힌 세 숫자의 합은 1씩 커집니다.

088 1i

4A와 3C 사이에 있는 1i

089 모두 2

090 다섯 살

091 27

092 18

5, 7, 7, 7, 4를 더하고, 3을 네 번 뺍니다.

093 21

✶=7, ■=8, ▲=6, ●=4

094 4개

095 ×, +, −

096 2

173

097 10가지

098
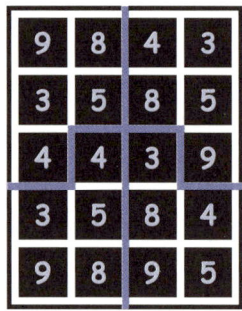

099 9개

100 2C, 3B, 4A

101 2
2×2나 2+2를 누르면 됩니다.

102 1
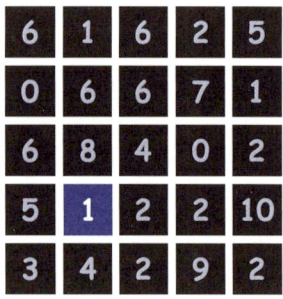

103 5

104 65개

105 1, 3, 6, 10, 15, 21
숫자가 2, 3, 4, 5, 6씩 커집니다.

106 14
모두 4로 나눌 수 있습니다.

107 6
삼각형 맨 위 숫자에서 맨 아래 숫자 두 개를 더한 값을 빼면 삼각형 안에 들어갈 값이 나옵니다.

108 몰타 십자가
몰타 십자가는 십자군 원정 당시 몰타 기사단이 휘장으로 사용한 십자가입니다.

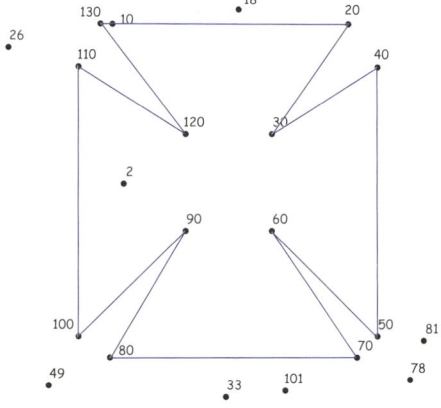

109 E

110 4

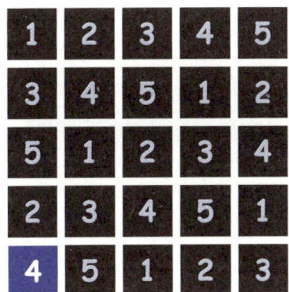

111 17

삼각형마다 왼쪽 아래, 오른쪽 아래, 위쪽 꼭짓점 순서로 2씩 커집니다.

112 256

오른쪽부터 숫자가 2배씩 커집니다.

113 7가지

(1, 1, 5, 5) (3, 3, 3, 3) (3, 1, 5, 3)
(4, 4, 3, 1) (1, 1, 4, 6) (1, 1, 1, 9)
(7, 3, 1, 1)

114 9

세로 방향으로 각 줄의 숫자를 모두 더하면 9가 나옵니다.

115 100개

사각형 크기를 '가로 칸 수×세로 칸 수'로 나타내면 1×1: 16개, 2×2: 9개, 3×3: 4개, 4×4: 1개, 1×2: 12개, 2×1: 12개, 1×3: 8개, 3×1: 8개, 2×3: 6개, 3×2: 6개, 1×4: 4개, 4×1: 4개, 2×4: 3개, 4×2: 3개, 3×4: 2개, 4×3: 2개

116 2

왼쪽 숫자를 오른쪽 숫자로 나누면 가운데 숫자가 됩니다.

117 50

8-5-6-5-4-2-5-8-7을 더해요.

118 4가지

119 7

120 3

대각선상에 마주 보는 원의 조각끼리는 조각 안에 적힌 숫자를 모두 더한 값이 같습니다.

121 1C

122 모두 9

123 14

124　31

125　9가지

(5, 4, 0) (5, 2, 2) (4, 1, 4) (2, 6, 1)
(8, 1, 0) (3, 5, 1) (3, 2, 4) (3, 3, 3)
(6, 3, 0)

126　13, 1가지

8, 5, 5, 6, 5를 더한 후 4를 네 번 뺍니다.

127　30

✲=10, ■=3, ▲=5, ●=12

128　2V, 5V, 10V, 20V, 50V 동전 각 27개씩

129　4개

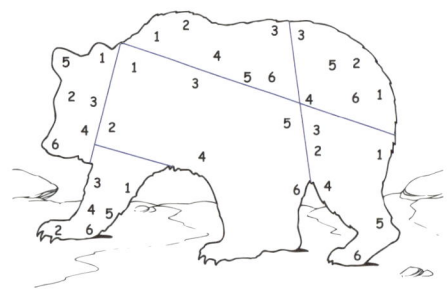

130　13가지

131

132　16개

133　55개

사각형 크기를 '가로 칸 수×세로 칸 수'로 나타내면,
1×1 : 25개, 2×2 : 16개, 3×3 : 9개, 4×4 : 4개, 5×5 : 1개

134　13

삼각형마다 아래쪽 숫자 둘을 합하면 위쪽 숫자가 됩니다.

135　√ 버튼 한 번

136　7

137 2, 9

138 13

139 40개

140 16
모두 3으로 나눌 수 있습니다.

141 19
왼쪽부터 숫자가 7, 6, 5, 4, 3, 2 만큼 작아집니다.

142 화살표

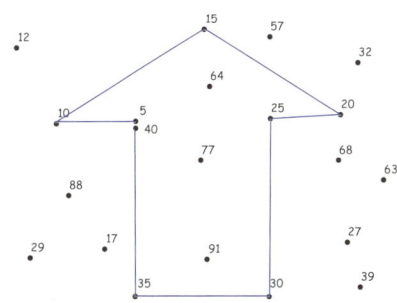

143 F

144 47

145 16

146 13

147 9
원을 위아래로 절반 나누었을 때 위쪽 각 조각에 적힌 숫자의 합에 2를 곱한 값은 대각선상에 마주보는 조각에 적힌 숫자를 더한 값과 같습니다.
즉, 5, 1, 2 조각의 합(8)에 2를 곱한 값(16)은 마주보는 6, 9, 1 조각의 합(16)과 같습니다.

148 1C

149 4, 6

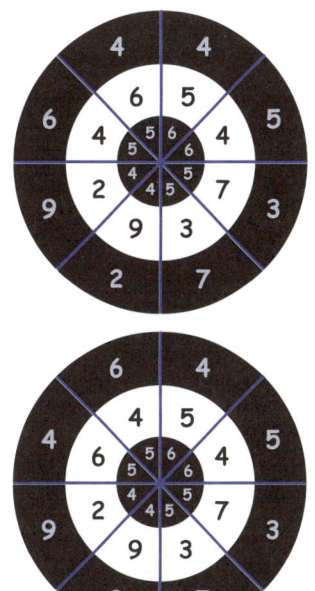

150 열두 살

151 4
사각형 네 개가 겹쳐진 자리에 있습니다.

152 13

153 5가지
(6, 8, 5, 4, 7) (6, 5, 7, 5, 7)을 지납니다. 화살표 방향에 따라 모두 5가지 길이 나옵니다.

154 4
각 줄에서 A와 B의 숫자를 곱한 후 C의 숫자로 나누면 D의 값이 나옵니다.

155 60
✱=7, ■=30, ▲=5, ●=18

156 1V, 2V, 10V, 20V, 50V 동전 각 37개씩

157 5개
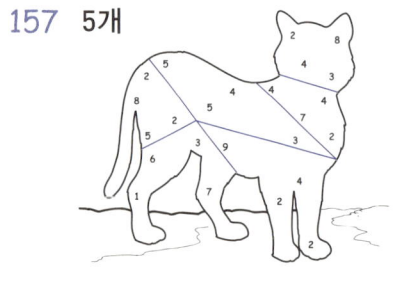

158 ÷, ×, −

159 맨 아래쪽 줄 2와 10
가로줄마다 놓여 있는 숫자를 둘씩 더하면 20이 됩니다.

160 19개
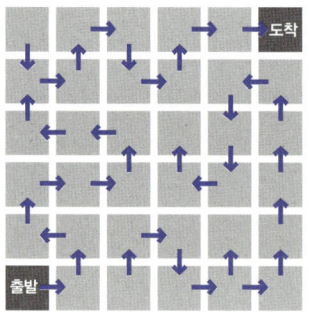

161 12가지

162
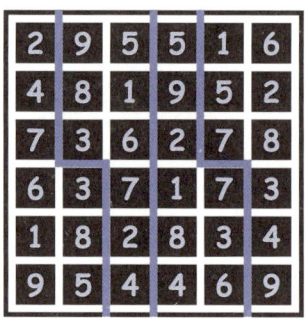

163 1E, 3A, 3D, 5C

164 22가지

(9, 8, 8, 0) (9, 7, 9, 0) (9, 6, 5, 5)
(9, 4, 6, 6) (9, 3, 6, 7) (9, 2, 7, 7)
(9, 1, 7, 8) (8, 8, 3, 6) (8, 7, 5, 5)
(8, 5, 6, 6) (8, 4, 7, 6) (8, 3, 7, 7)
(8, 2, 8, 7) (8, 1, 8, 8) (7, 7, 7, 4)
(7, 6, 6, 6) (7, 5, 6, 7) (6, 2, 8, 9)
(6, 1, 9, 9) (5, 3, 8, 9) (4, 4, 8, 9)
(4, 5, 8, 8)

165 4

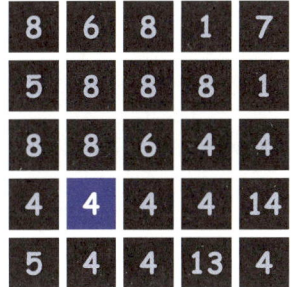

166 55

167 12

168 97개

169 2, 3, 5, 7, 11, 13

이 숫자들은 1과 자신만으로 나눌 수 있는 소수입니다.

170 편지봉투

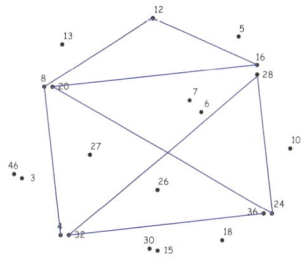

171 5

왼쪽부터 숫자를 둘씩 묶으면, 숫자마다 바로 왼쪽에 그 제곱근이 있습니다.

172 10

삼각형마다 왼쪽 아래 숫자를 위쪽 숫자와 더하고 오른쪽 아래 숫자를 빼면 가운데 숫자가 돼요.

173 D

174 4

가로줄마다 숫자의 합은 맨 위 5를 시작으로 두 배씩 커지다가, 정 가운데 줄(7, 9, 4, 5, 3, 8, 4)을 기점으로 반씩 줄어듭니다.

175 45

왼쪽 숫자와 오른쪽 숫자를 곱한 값에서, 일의 자리와 십의 자리를 서로 바꾸면 가운데 숫자가 돼요.

옮긴이 김요한

서울대학교 농화학과, 고려대학교 영문학과와 동 대학원 영문학과를 졸업했습니다. 방송 작가와 출판 편집자를 거쳐 현재 전문 번역가로 일하고 있습니다. 옮긴 책으로 《초등학생을 위한 멘사 수학 퍼즐》《초등학생을 위한 멘사 추리 퍼즐》《세계 지도의 역사》《눈사태 속에서 부르는 노래》 등이 있습니다.

초등학생을 위한 멘사 수학 퍼즐
기초가 탄탄, 계산이 술술

1판 1쇄 펴낸 날 2021년 7월 5일
1판 5쇄 펴낸 날 2023년 8월 16일

지은이 | 해럴드 게일, 캐럴린 스키트
옮긴이 | 김요한

펴낸이 | 박윤태
펴낸곳 | 보누스
등 록 | 2001년 8월 17일 제313-2002-179호
주 소 | 서울시 마포구 동교로12안길 31 보누스 4층
전 화 | 02-333-3114
팩 스 | 02-3143-3254
이메일 | viking@bonusbook.co.kr
블로그 | http://blog.naver.com/vikingbook

ISBN 978-89-6494-393-9 74410

바이킹은 보누스출판사의 어린이책 브랜드입니다.

• 이 책은 《멘사 수학 퍼즐》의 개정판입니다.

• 책값은 뒤표지에 있습니다.

Mensa KiDS 멘사 어린이 시리즈

초등학생을 위한
멘사 개념 수학 퍼즐
존 브렘너 지음 | 멘사코리아 감수

초등학생을 위한
멘사 수학 퍼즐
해럴드 게일 외 지음 | 멘사코리아 감수

초등학생을 위한
멘사 영어 단어 퍼즐
로버트 앨런 지음 | 멘사코리아 감수

초등학생을 위한
멘사 추리 퍼즐
로버트 앨런 지음 | 멘사코리아 감수

멘사 수학 놀이 1 :
수학이랑 친해져요
해럴드 게일 외 지음 | 멘사코리아 감수

멘사 수학 놀이 2 :
수학 실력이 좋아져요
해럴드 게일 외 지음 | 멘사코리아 감수

멘사 수학 놀이 3 :
수학 점수가 올라가요
해럴드 게일 외 지음 | 멘사코리아 감수

멘사 미로 찾기 :
머리가 똑똑! 집중력이 쑥쑥!
브리티시 멘사 지음 | 멘사코리아 감수

초등학생을 위한 인도수학 시리즈

계산이 빨라지는 인도 베다수학
마키노 다케후미 지음 | 고선윤 옮김

도형이 쉬워지는 인도 베다수학
마키노 다케후미 지음 | 고선윤 옮김

암산이 빨라지는 인도 베다수학
인도수학연구회 지음 | 라니 산쿠 감수

생각이 자라는 어린이책
바이킹

블로그
blog.naver.com/vikingbook

인스타그램
@viking_kidbooks